十张面孔和
一个村庄的变迁

李楠 著

中国城市出版社

图书在版编目（CIP）数据

城市中国：十张面孔和一个村庄的变迁 / 李楠著. —北京：中国城市出版社，2019.6

ISBN 978-7-5074-3025-7

Ⅰ.① 城… Ⅱ.① 李… Ⅲ.① 农村—城市化—研究—中国 Ⅳ.① F299.21

中国版本图书馆CIP数据核字（2019）第086722号

责任编辑：张幼平　费海玲
责任校对：王　烨

城市中国：十张面孔和一个村庄的变迁
李楠　著
*
中国城市出版社出版、发行（北京海淀三里河路9号）
各地新华书店、建筑书店经销
北京建筑工业印刷厂制版
北京中科印刷有限公司印刷
*
开本：880×1230毫米　1/32　印张：6¼　字数：125千字
2019年6月第一版　2019年6月第一次印刷
定价：**38.00元**
ISBN 978-7-5074-3025-7
（904157）
版权所有　翻印必究
如有印装质量问题，可寄本社退换
（邮政编码100037）

序
一个村庄和一群追梦人

2018年夏天,我们在中国西部重要城市太原进行了一次关于城中村改造的田野调查。在太原市,我们穿梭在拆迁安置房、开发商售楼部、乡政府办公楼、写字楼格子间中,与身份背景不同、年龄职业各异的人们进行了访谈。这些面孔都无一不生动鲜活,讲述着不同的经历和人生。

每张面孔后面都有一种人生,仿佛是一个城市和村庄变迁的缩影,仿佛是一个时代的缩影。他们是这本书的主角。他们的命运围绕着位于太原市东北部杏花岭区内一个叫作长江村的村庄,在一场大张旗鼓的太原市城中村改造浪潮的冲击和裹挟下,发生了巨大的变化。他们在其中迷茫、奋斗、失落或者收获,我真实地记录下他们的讲述,也是记录下中国大地上这场波及了上亿家庭的城市化运动的一个断章。

原诺贝尔经济学奖得主斯蒂格利茨曾经说过,中国的城市化与美国的高科技发展将是深刻影响21世纪人类社会发展进程的两件大事。而中国城市化在近二十年出现爆发式增长的很大原因来自于政府主导,因为中国政府拥有其他国家不具备的优势,即土地资源。中国城市化的本质就是政府将原来沉淀的土地资产通过招拍挂变现,从而源源不断获得城市建设所需的庞大资金,这种做法最显而易见的结果就是,城市面貌在短时间内大为改观,老百姓居住条件不断改善。据相关统计数据显示，二十多年来，中国盖了超过 1 亿套商品房，老百姓也从最初的人均七八平方米居住面积增加到 36.65 平方米（2010 年统计数据），提前 10 年超过住建部"十三五"规划中"到 2020 年城镇居民人均居住面积超过 35 平方米"的目标。房地产行业也成为这二十年来中国经济的最大拉动和支撑。

2015 年中，政府用棚改货币安置方式，将城市化进程推向三四线城市，所谓"棚改货币安置"，就是政府出钱拆掉老旧房子，给被拆迁住户一定货币补偿，让他们去市场买新房子。随后各级地方政府根据本地具体情况，纷纷制订带有各类地方特色的拆迁安置政策，太原的长江村城中村改造正是在这样一个大背景下进行的。

这场城市化的过程可以说是政府、开发商和老百姓三方合力促成的，政府卖地筹钱然后投资基础设施、开发商盖更多房子、老百姓买房子改善居住条件。在和当地人的交谈中我发现，房子已经成了当下社会的全民图腾，不论是出于中国社会"居有所安"的古老传统，还是作为一个家庭或家族的财富传承，甚或就是一个年轻人的城市奋斗目标，房子都承载了他们对未来的梦想和寄托。中国人对于房子热情的密码，也许从我们的交谈中可以细细体会解读。

离开太原前一天，我们登上太原郊区东山顶，远眺太原城内一片片密密麻麻形态相似的楼群，感觉双脚正踏实地踩在中国的腹地之上。

祝福在大地上千千万万奔跑和追梦的人！

目录

序　一个村庄和一群追梦人　|　iii

第一张面孔　殷来宝　|　001
一直住在长江村的老厂长　|　003

第二张面孔　陈文　|　015
不断完成身份转变的开发商　|　017

第三张面孔　刘军　|　035
赶上最好发展时期的居委会主任　|　037

第四张面孔　孟智尚　|　045
长江村主持拆迁的村支书　|　047

第五张面孔　高晋　|　061
黄河边长大的设计师　|　063

第六张面孔　段建军　|　083
故乡已经消失了的创业者　|　085

第七张面孔　冯霞　|　097
在村庄改造中快速成长的营销总监　|　099

第八张面孔　尤　宁 | 111
无论如何都要买一个房子的白领 | 113
第九张面孔　张衡文 | 125
城中村改造中接近梦想的策划人 | 127
第十张面孔　刘　丽 | 139
长江村走出去又回来的"80后" | 141

附录　与长江村三位老村民的一次谈话 | 149

尾声　这里即中国　**陈功** | 166

第一张面孔

殷来宝

长江村村民，
退休前为太钢七轧厂厂长

"我和老伴说，咱们这些人知足了，还想啥呢？这么大年龄，上下楼有电梯，不用爬楼梯了，这就很知足了。"

殷来宝,一直住在长江村的村民

一直住在长江村的老厂长

● 殷来宝

我姓殷名叫来宝,今年78岁,是当地人(长江村)。1962年大专毕业后参加工作,在太钢(太原钢铁厂)一直干到2000年退休。

退休以后到全国各地,北京、上海、天津等地打了十几年工,后来就不出去了,一直到现在在家休养。我在不锈钢行业里面应该是太钢的专家,到目前还享有专家、高级工程师、劳动模范的待遇。

前几年退休以后,感觉在有生之年应该多参加一些有益的社会活动。本人热爱书法,就参加了山西省老年书法家协会,并且成为一名正式会员,也向协会提供了自己的书法作品。

殷来宝老伴,长江村的老村民

长江村的由来

我介绍下咱们长江村的发展变化情况。根据我的回忆，1949 年新中国成立之前，我们这个村原本叫陈家峪。我听我母亲讲，这个陈家峪是太原市东山一带的一个主村，当时东山一带包括 17 个自然村，陈家峪是主村。我还听说我父亲曾经当过这个村的村主任，但他 29 岁就去世了。

这个村在东山一带很有名气，它的位置是在东山一个丘陵地带，三面环山，一面靠川，像是一个小的盆地，应该说是一块风水宝地。此地曾经有五座庙，分别是大王庙、山神庙、土地庙、西庙和东庙。我记得有六个沟、五道坡、三道湾。三道湾一个是河湾（南边地块），中间这段是陈家峪的中心地带，这里能种菜种瓜，可以用水浇地。这个地方我听说我家很早以前还有 45 亩地呢，只是听说而已……还有一个康湾，康湾姓王的住得多。另外还有一个基地湾，坡有母沟坡，其他想不起来了。沟有什么猫儿爪沟、四挖子沟、庙后的沟叫后沟、龙叫沟、小白沟、东沟。

还有河里头，这是一个头。还有三个江，扬江、长江，还有一个花儿江（音）。

这些总的加起来就是陈家峪所涵盖的区域范围。

这个村由于地形占有一定的优势，风水也好，所以日本侵略中国期间，曾经把这个村的村民都给赶到村子四周，在中心地带做了一个军库。国民党统治时期把日本占领期使用的军库继续延伸，还是做军库。1949年以后，此地到目前为止依然是军库。所以这个村被军库分割开，形成了几个自然村，长江村是其中一个。原本这个长江村叫长乡和扬江，是由两个村合并而成的。我记得很清楚，我1961年上大专的时候，退学回到家乡，回来以后曾经当过保官。在这期间我认为长乡和扬江的叫法有点模糊，不太好记，我当时还算有点文化，就回来改成长江黄河那个"长江（村）"。写了一个报告报到杨家峪，杨家峪那时候成立人民公社了，公社就批准更名为"长江村"。

1949年新中国成立以后，这个村曾经经历过一些变迁。从1949年到1951年这个阶段是进行土改，完了以后进行互助组、合作社。到1957年以后，由互助组变成了集体经济，个体的土地收归集体所有，变成了落花社。落花社是初级社，后来又变成了高级社，到1958年以后变成了人民公社，这个村就变成了其中一个大队。

这个变迁过程，一直到1978年实行土地回归政策，农村承包土地，有了自留地。总的来讲，这一段时期，当地老百姓生活过得很贫苦，住的几乎可以说百分之百都是土窑，就是土坡里面挖个洞，住里面。条件很差，但是冬天不冷，夏天不热。这个村在这么长的时间里，也没有什么柏油马路，交通运输不行。只有电灯，电话也没有。

这几年的变化是翻天覆地的

改革开放以后到现在经历了 40 年，特别是经历了城中村改造，这个变化应该是村里面翻天覆地的、彻底的。当地的老百姓由落花社当时的 32 户 96 口人，一步步人口增加，现在大概有 1500 多人，多少户我也不知道。改革开放以后，有一部分村民盖了一些平房，这个变化还不是太大。主要是最近这几年的拆迁改造，在孟智尚（村支部书记）这个班子的领导下，村里面生活一天比一天好，居住环境一年比一年好。

我举几个例子。去年（2017 年）为止，所有的村民都住了院子，虽然回迁房没有都盖起来，但是根据拆迁的政策，都给他们合理地做了一些补偿和安置。有的买房买到小枣沟、基地湾，还有其他地方的，总的来说，全部做了安置。

村民对这一点来讲，我认为不能说百分百，但绝大多数村民是满意的。要说不满意也可能是极个别的，不可能什么事情都是绝对的。这几年家家户户有了房，还有了车。吃的、住的、穿的、用的都从根本上发生了变化。

国家城中村改造政策好，我体会到了，我真心感谢。我想村民也很高兴，感谢政策，感谢党，感谢各级领导。这么一个城中村改造的过程，有没有出现一些问题呢？也可能有，要问我的话，我还真是说不清，也可能正在解决当中，或者已经解决了。

可以讲一讲我自己的亲身体会。我之前住的窑洞，改革开放以前住的都是窑洞，后来才盖了几间平房。退休以后，到 2006 年我才买了一套 80 平方米的四层楼。在外地打工挣了几个钱，几万块钱买了一套房。当时在村民里面我还算是佼佼者，村民里面多数买不起几万块钱的房。

我家的分配方案

拆迁以后，咱们村委会给了我两套房。现在我住的这套是 123 平方米，另外一套我给我姑娘住了。原来买的那套房子，现在我大孙子有时还过去住。河西还有一套房，是我在太钢工作期间，按照我工程师的待遇分的一套将近 80 平方米的房，两室一厅。我二儿子结婚时没有房，买也买不起，就把这房子给我二儿子住了。给我大儿子在农村盖了一套院子，他也在这次城中村拆迁改造时分了一套房。也是和我大小一样，123 平方米。

不满意的是二儿子，他在这次拆迁改造中没有分到房子。我从我的补偿面积中分给了他 200 来平方米，但现在过渡期分下的是一个指标，他没有拿到实打实的房子。我在太钢分的房子给他了，他在农村没有房子了，所以这次改造也没有分到房子和补偿款。这是以前的情况造成的，我也管不了，我说了不算。我二儿子现在也是想跟我要一套房，我这个做父亲的无能为力。

旧时的长江村。当地老百姓住的几乎都是土窑。在土坡里面挖个洞，冬天不冷，夏天也不热

这次城中村改造拆迁，我分到的补偿总面积980平方米。我自己要了一套，在总面积里扣了我将近150平方米。给我姑娘要了一套，也扣了将近130平方米。剩下的我给了我大儿子、二儿子一家各250平方米。

我没有给三儿子。我认为在这次拆房当中，他的房产比其他的子女要多。他得了我一套完整的院子，换了大概将近七套房。

在分派之前我们家开了一个会，分派的专题会议。我把我的想法给他们讲了，通过村委会领导还叫他们写了一个东西，讲明了补偿的房款是怎么处理的。我的家庭在这次拆迁中是这么处理的。

我拆迁得到的钱，儿女们一分也没给，为什么？我想我毕竟老了，他们还年轻，剩下的时间和机会还多，但我们还得防老。我今年看病已经花了十万多了，我老伴腰和腿都不好，前几年也花了好几万，今年还得看。老了病魔缠身，你不知道什么时间又难受起来了。我是气管、肺上有病，她是腰和腿上有病，所以我们留了一部分，没给他们。

房子剩下来的面积还有 200 来平方米，这 200 平方米归我们所有，用来防止意外。如果将来给房了，我们看怎么处理，我把它们变成现金也好。我不想给儿女们再留什么房产，留得越少越好。留得越多，纠纷可能越多，我做父母没这个处理能力，麻烦。

我的退休金不到五千。因为退得早，当时缴纳的保险相对比例少，所以给的也少，退得晚的就多了。咱们知足了，共产党万岁！我们现在老两口不出什么毛病，健康地多活一年，政府就多给五六万块钱，这就等于帮了孩子的忙了。

感觉很知足

我老伴是农民，我在太钢工作时也一直没离开这个村。如果我现在还在上班，是纯粹的市民的话，这套房我肯定买不起。我在工薪阶层里工资不算低，但也不算高。不是拆迁的话，要买这么一套房，还要装修，我是想也不敢想，根本

拆迁改造,补偿面积980平方米,我们给姑娘、儿子各分了一套房

不可能。到目前为止我的同学在太原市里的，住的还是福利房，面积没一个超过80平方米的。实事求是地讲，在住房这方面没有得到什么回报。

我们这一代人确实受了不少苦。一岁我父亲就去世了，爷爷更不知道何时就去世了，剩下我奶奶和我母亲，孤儿寡母把我拉扯大。我母亲就生过我一个，后来又领养了一个妹妹。我有几个舅舅也在太原市郊区，帮我上学一直到参加工作。我这个家境很不好。要说过去经历的苦太多了，我不想多说。

我老伴跟我结婚的时候，是她哥哥推着自行车送到我窑洞来的。那时住的还是破窑洞。我记得有一次我下班回来，村里人说你家的窑洞快塌了，差点把你的姑娘（她还小，四五岁）埋到里面去。后来一天天不断在改善生活，过得也就好了，但是再好也没有这几年变化大。

这些年拆迁以后我感觉很知足。和我自己比，过去和现在是天上地下。过去住窑洞、平房，还是南北阴，冬天阴森森，单位来了人也没法接待。到1981年才盖了三四间平房。2000年退休以后到处打工，挣了几个钱，花了十来万块钱盖了一处小院，后来给了我三儿子。这个儿子什么都没干，什么也没贡献，这小院拆迁的补偿都成了他的财产了。

后来又打拼，好不容易在天津和北京挣了两个钱，回来买了不到80平方米的楼房，还带一个小地下室。这房子住了11年，直到拆迁，我才有了现在这个大房子。我和老伴说,咱们这些人知足了,还想啥呢?这么大年龄,上下楼有电梯,不用爬楼梯了,这就很知足了。

我心态比较好,能想得开,我也不和人攀比。你看我给我老伴写的书法"莫生气",我就贴到卧室里面,有空就多看看。

. . .

第二张面孔

陈文

千渡房地产公司董事长，
承担长江村改造项目的开发商

"命运还是出现了转机，运气好，很快改革开放了，我们那个年代出现了谢彦波，少年大学生。这让我父亲看到了希望。"

陈文,不断完成身份转变的开发商

不断完成身份转变的
开发商

● 陈文

我父母没有太高的学历，但是学识并不差。我父亲通过函授上了大学本科，当了一个中学的教导主任。他文章写得相当好，而且很爱写，那时候往湖南各种报社投稿，家里时不时收到5块钱、10块钱的稿费，写作可能是他年轻时候的理想吧。家里在（一九）五几年就买了海鸥120的照相机，就是一摁板子就打开的那种，还有120的胶片，显影粉、定影粉洗像，所以我很小的时候就跟父亲在暗室里面玩这些东西，那时候我大概5岁。父亲拍照在我们当地还特别知名，所有的民兵大演习全是他带着高架子去拍片子。因为他拍片子的原因，我就有了很多朋友，因为我经常把剩下的胶卷拿给别人玩嘛。

新中国成立前，我母亲在湖南常德，家境应该非常殷实，因为她那时候就上私立学校。我母亲是1936年生的，她那会儿13岁，不到14岁就从初二退学了，后来也没有上成大学。这件事是她一生的痛，一直挥之不去。

我母亲从老家常德市到了我们现在家里住的湖南省农垦局，当时是搞农村建设。我母亲就是在那个时候认识了我父亲，他是从湖北过去的。我父亲是1933年生的，他先是从湖北到了湖南的桃源（县）。他的身世也很有渊源。我的爷爷奶奶很早就去世了，我父亲变成了孤儿，在孤儿院被一个商人收养了。收养还有个见证人，这个见证人很有名，就是翦伯赞的父亲，叫翦奎午。现在家里还有一个卖身契，很有意思。

我父亲就是湖南人的性格，虽然他是湖北人。我父母的性格都比较急躁，所以我的性子也特别急躁，我一家姐姐妹妹都比较急躁。但是我父亲有时候也非常安静，他的急躁只是在性格上。他会讲道理。举例来说，他不会跟学生急，从来没看到他跟学生急过，所以到现在，还有很多学生去看他。

我母亲受家庭变故的影响以后，我觉得人就变了。她现在得了老年痴呆，我就常想起她的经历，想起她经常给我们讲的那些她小时候的事情。我母亲特别能吃苦，但有一段时间她没有工作，还受人欺负，欺负她也不气馁。那段时间我天天听大人们说这些，听完反正特别励志。我也不知道为什么。我后来就经常帮我妈妈干农活。我有一个姐姐，是1964年出生的，我还有一个妹妹，她们俩干活都干不过我，而且她们总偷懒，我就总指挥她们。所以我妈从小就跟我说：

"我们家三个孩子，三个辣椒籽，可能就这个是辣的。"这是说我呢。

我十二三岁时到地里捡棉花，一天起码捡一百多斤，插秧起码是一天一亩地。那个时候学校有一个文体活动时间，下午三点钟去上课，都要去捡棉花。我记得是夏天，一直到了晚上九点多天很黑了才能回来，经常这样。插秧不是给我家里干，是给生产队。生产队"双抢"，大家就要去帮忙。一块钱一天，但是你必须干得快。一大清早，解放军军车就把我们拉到很远的农场，其实现在看来不远，但小时候觉得特别远。我妈舍不得我去，我就特别想去，那时也觉得好玩，不嫌累，早上5点钟起来，吃一碗稀饭，一个馒头，觉得特别好吃。这些记忆特别深刻。

我的个性在要强这方面，特别像我妈妈，但其他天分上像我父亲。比如我从小会拉二胡，现在拉得也不差，我吹笛子现在吹得也不赖，我二三十年不摸，仍旧能找到曲调。口琴、手风琴、脚踏风琴全会。到了高中一年级开始买吉他，改革开放了嘛，邓丽君的歌冲进来，哇，听着真好听。

不知道什么原因，记忆里家里从来都特别穷。有一次过年，好像是1974年，那时我母亲重新工作了。突然我们当地的武装部长到家里来，对我母亲说：政府决定补你们一点钱。每个月补十块钱，补很多年的。我忘了是补了3600块钱还是多少，巨款。我当时很小，就在旁边听着。武装部长对我母亲说：安排一个工作给你，打水。就是从沟里把水打到

记忆里家里从来就特别穷……那个时候,农场就像军营一样,整整齐齐一排排的房子,一整排住十几、二十户

水塔上。

我们那个时候农场就像军营一样,整整齐齐一排排的房子。一整排住十几二十户,都靠水塔里的水生活。给我母亲安排这样一份工作,当时工资是16块钱还是多少,反正开始有月工资了,这是我记忆里第一次觉得有钱了。我父亲那时工资是29块5。因为那时候总在宣传板上张贴大家当月的工资,从多到少,我看我父亲总是排在后面。每次看到这个工资榜,我身上那股劲就上来了。那股劲一直保持到今天,什么事情都不服输。

这种经历让我特别要强,但是有一点特别好,就是我父母特别善良,我也受到一些影响。包括我现在对我的姐妹和朋友的一些行为也受这个影响。我父亲经常把他的一些奖金全捐出去，地方把感谢信写到我们学校，我们才知道是他捐的。其实那时我们家也是穷得要死。我记得在1973年、1974年的时候，我们老家突然开了一家大饭店，国营的。我们家趁开业优惠买了一块肉，回来就在煤火上炖。有一只鸡一下飞过来，吧唧就把肉弄地上了。我父亲"唉"的一声叹气，把那块肉又捡起来。当时家里是泥地，很脏，我父亲把肉捡起来洗了一下，又放锅里继续炖，因为家里没有肉吃。

小时候家里那种情况让我从小就立志要挣钱，但是在寻找财富的过程中我人性没有变坏，我觉得这跟我父母的影响有关系。

因为我母亲的家庭成分的缘故，父亲一度认为我没有机会上大学。我舅舅的孩子，也就是我的表哥，是常德市中考第一名，因为成分的缘故，结果什么学校都不能上，最后辍学了。我父亲看到这情况，就跟我说，你这也没戏，以后干吗呢？干脆学画画吧。这也是我后来学建筑的原因。当时家里给我找了个老师，学画画。我很小就去给死人画遗像，画完死者家里会给我母亲一碗米，一两个鸡蛋。我那时也就十岁多一点，那时改革开放还没开始，还没打倒"四人帮"。我父亲觉得让我当一个画匠给别人画点像，给人拍拍片子，将来也能够找一碗饭吃。

改革开放了

命运还是出现了转机，运气好，很快改革开放了，我们那个年代出现了谢彦波，少年大学生。这让我父亲看到了希望。

1977年全国恢复高考，我正上初中。那时出现的谢彦波让我羡慕得不行。我家里花钱买了一整套中学数理化教材，我就开始玩命上学。但是那时成绩不好，因为没有学过，物理考8分，我记得只有个别人考了20多分，70%的人都是8分，8分的都只会答两道题。没办法又开始复读，初中就复读一年，就这样才能去上高中。也是这时候开始明白一些了，改革开放了，我父母告诉我，城市户口和农村户口开始有区别了，城市户口开始能参加招工。

我们农场农垦局是农村户口，但实际上我母亲是城市户口转来的，我父亲也是一样。到1987年他们全部恢复城市户口了，那时候我已经上大学了。那个时候农村户口和城市户口最大的区别是：农村户口是没有招工机会的，城市户口每年都有两次招工。那时候已经流行考试了，开始考试。那时候找对象有一个重要的条件是你是不是城市户口。当然他们那时都不知道现在会变成这样子，农村的城中村改造让农民一下有了这么多财富。那时候我父亲天天跟我讲，你只有上大学跳出这个地方。

我父母有一个最大的不容易，就是在家里很苦的情况下，还让我读了三年高三，考了三次才考上大学。我父母特别好，我没考好从来不说我，也从来不抱怨。

也是运气好，后来就考上天津大学。

我上大学时已经20岁了。

我们那时候上大学自己不用出学费，学校还要给一点助学金，有18块钱（最高）、15块钱、12块钱，还有9块钱，共四等，我是拿15块钱那一档。所以我觉得跟父辈比起来，我们是幸运的一代。

我补充一个小细节。改革开放以后，我母亲总抱怨我父亲不愿意去搞社交，不会搞关系。我父亲总说："我为什么要社交，我就一支粉笔，有人要我的粉笔吗？我找关系有用吗？我又不是官儿，我又没有权力，能给别人什么？"这时候就让我产生一种心理：不搞关系这人就不行。我上中学时就特别善于社交，上大学时也特别活跃。在大学里我办乐队，翻译吉他曲谱出书卖，办吉他班教人弹吉他，无意中慢慢放松学习了，但是挣了很多的钱。我到大学三年级就给家里买了一台冰箱，那时很少见的。那时就想帮家里致富，买彩电、买冰箱是致富的第一个标志嘛。当时彩电有点贵买不起，就买台冰箱，我记得花了1650元。

但是当大学毕业的时候，我突然开始思考一个问题：大学这个赖以生存的环境没有了，以后怎么挣钱？其实大学期间没有想过未来，一点都没想。因为那时候都是国家包分配，前几届师兄师姐的毕业去向都看得见，就是设计院，谁会想到未来还能干什么。我觉得我真正开始明白人生道理是出国以后，突然想到人是有大脑的，要读书，还要有人生规划。

大学毕业后，赶上一个好年代，也是有命。因为我决定要去挣钱，所以哪里钱多就去哪里，我就想去深圳。那时候珠江三角洲，深圳、珠海好得一塌糊涂，感觉那里到处都是机会。最后机缘巧合到了珠海边上的斗门县县城的设计院。那个地方连考试都没有，听说我是天津大学的，就说来吧。去了以后发现整个县城，连管城建的副县长都知道来了个天津大学学建筑的大学生。他们对建筑都不理解，他们对我的理解和描述就是：来了一个会画效果图的。所有效果图都找我画。后来利用业余时间接私活挣钱，直到私活多得都接不过来了。

我工作六个月手里就有了1万7千多块钱，多牛！我干了一件很绝的事：买了三台大彩电搬回家，姐姐、妹妹、父母一家一台。

很快老家就传开了：你儿子像从台湾回来的。因为那个年代台湾的亲戚回到老家，一般会给哥哥弟弟500美元，换成人民币，或者给带台电视机。老家特别流行给电视机，那时彩电很少，我就买了三台彩电。

那时候是很神气，突然开始有钱了。

那个年代就是这么一个心态，想挣钱。干私活，画效果图，也画过户外大广告牌，2000块钱画一块广告牌，花了半个月。后来私活接不过来了，一个朋友对我说："文仔啊，不要给你们单位设计了，我这里有个七千五百平方米的厂房，你帮我设计吧。"设计费大概是6块钱一平方米吧，我很快就画完了。很简单的厂房，现在还在，就是两排楼，中间有两个桥梁，连接点，两个办公室，两层楼的。画完设计图后，这个朋友迅速拿了个黑色塑料袋给我，里面有四万五千块现金。

那个场景我现在还记得很清楚。那是我毕业后的下半年，一个晚上。整个城市就没有旧建筑，全在建新的，灰蒙蒙的，大家还坐摩的。那天正好去那个请我设计厂房的朋友家吃饭，吃完饭他直接对我说："给你设计费。"一个黑色塑料袋子递给我，收据什么都没有。我就抱着，打了个摩的坐在后面，心里咚咚跳。这么多钱，没见过。把钱紧紧夹着，生怕丢了，回家赶紧把钱藏起来。那时候我老婆（当时还是女朋友）在太原，第二天一早我就赶紧跑到邮电局给她打电话，告诉她收到一笔钱。

后来我就在珠海注册了一家设计院，有了办公室，正式开始做设计。那时候一年营业额大概小200万，所以我在1990年底就买了一台皇冠。我在珠海三年买了两套房，到现在还在收房租，买房花了51万。当时买房没有投资意识，就是一个做办公室，一个自己住。

其实那段光阴很短，到1990年赶上紧缩银根，我有很多设计费收不回来。公司当时有十几个人，最后变成三四个人。1995年3月份，加拿大一个朋友从澳门到珠海玩，他跟我讲，你这生意也不怎么好，不如移民加拿大吧。我就当听故事，没往心里去。但看到周围有办移民成功的朋友，我就想试一试。于是坐飞机到北京，跑到语言学院学语言，公司这边的摊子基本就撂下了。那时候没有人生目标，基本是别人牵你一下，就走一下。后来又抓紧学了计算机，参加移民面试，很快就去了加拿大。国内公司的这个摊子，我姐夫和两个退休的老教授帮我守着。我还有那么多钱没有收回来，他们只管收钱和提供后期服务。

从中国到加拿大

我们刚从中国去加拿大，说实话还不知道什么是生活的艰辛，因为国内钱好赚，生活成本低。去那边的中国人时间长了就知道了，生活也是要慢慢熬。那时候受到经济条件的约束，在加拿大读研究生选的专业是施工管理（construction management）。

我们往届好多中国人都在学这个专业，都找不到工作，结果我到2000年8月份临毕业时，到处面试，都跟我说，you don't have any local experience（你没有本地工作经验）。突然碰到一个公司不说这个话了，因为我对面试官说我来你们公司干不要钱，那个公司就说那你来吧。

其实我上班第一周，公司就给了我一个offer，工资一年 3 万 6 千加元。那个公司很小，大概十四五个人，一年也就接两千万的活儿，他们叫总包。总包的活我特别明白。我干了一年以后，公司给我的工资涨到了 5 万加元，但那时已经不知足了。很快认识了另一个大公司的副总，一年后就跳槽了，工资也翻倍了。

（在新公司）干了两年以后，发现能学到的东西 80% 已经学完了。后来我就发现没有意思，工作、买房，但是越干越没劲，尤其看到我们公司一个老头那一年办退休的场景，他在公司干了 27 年。我一看就觉得这样下去不行，这就是我的将来。这时期觉得很无聊，总跟中国的同学打电话，后来发现一打电话心里就难受。原来很一般的同学，隔几天说买了一辆马自达，隔几天又买了个奥迪 A6。今年说营业额 800 万，到第二年就到 2300 万，再过阵子打电话营业额已经 8000 万了。这都是真实数据，我听着腿都软了，心想，这么多钱，怎么挣来的。就决定回国，这里不能待了。

后来遇到个机会，SOHO 中国公司招设计总监，我回国应聘，得到了 offer。

为什么我们的城市建设只有一种风格？

在 SOHO 中国待的 5 年多时间，是 SOHO 发展最快的时期。

但是我性格上不想一直做打工的，我整个的经历就没有打过多长时间的工。后来终于有个机会，我下定决心去创业。

创业后接的第一个项目就在太原。后来又有机会来做了占地面积157亩的三千渡项目。2010年11月29号,把土地摘牌摘回来了,我就一头扎过来,长驻太原,投入三千渡的开发中。

三千渡项目我是带着乌托邦的理想来开发的,现在看来有些乌托邦的做法从商业角度看是有问题的。举例来说,当时外墙用石材,今天看来确实是个极其错误的决定,因为房价卖不到1万2的话,从成本角度看怎么能用石材?我们当时才卖5500元一平方米,而我却决定用石材。

而且在三千渡的开发过程中我有四个收获:

第一,我彻底从建筑师转型到开发商。所有太原的开发商都认为我不是设计师,是有设计师背景的开发商。

第二,我认识了一批投资人。

第三,让合作伙伴认可了我。这个非常关键。

第四,千渡这个品牌的传播也让人把对我的认知度带到新的项目来。

这四大收获在我启动新项目"东山晴"(长江村改造项目)时起到了有形或无形的作用。所以说当这个项目启动,我重新融资的时候,大家都愿意信任我,给我投资。

正因为有了前面的经历,我有机会参与这次的城中村改造,做了"东山晴项目"。

项目刚开始时遇到很多困难,土地证迟迟下不来,资金紧张，一度发不出工资，我把自己家的房子都抵押出去了。人还是有命、有机会，但机会是给有准备的人的。以前工作中认识一个投资公司的人，我把我们出版的三本图书《渡》、《中年》和《忙活》送给他。他就把我拉进一个群，那个群里全是投资人，我就一直跟投资人保持联系。跟资本方的对接这方面，我一直都在做准备，其实也不知道哪天能用。后来这条线帮了我大忙，2016年"东山晴"项目启动的时候，融资在即，这个投资人来考察后，两周时间就决定把钱投给我。

经过了九死一生，终于迎来了快速发展期。解决了前期融资问题后，我们在销售模式上做了创新。我很认同共享经济的逻辑，在这个逻辑基础上，我创新了销售模式，建立了布鲁克联盟。①

---

① 布鲁克联盟成立于2015年，是山西首个成立的房产股权众筹联盟。布鲁克联盟中"布鲁克"来自英文BROKER的译音，是中间人的意思。布鲁克联盟现已有11个成员。"千渡·东山晴"是布鲁克联盟首次发力的一个项目，项目启动以来获得了市场的高度关注。
布鲁克联盟的设计初衷，是让太原大量的中介代理加入联盟中，通过销售楼盘，成为项目的股东，从服务环节进入开发环节中，是房地产行业的一种创新。布鲁克联盟是互联网思维在房地产开发中的具体体现，信息共享、大众参与、跨界经营、利益均沾等，这些都体现了互联网精神。布鲁克联盟将合伙人制与股权投资相结合，实现了资源共享、财富共享的终极目的。我是让更多人加入这个项目，共同销售，销售业绩加入股权分配中，共享利润。到2017年，市场开始一路高歌。

为村庄留下记忆

做长江村改造的项目，我还是带有自己的感情色彩的。

我来到太原以后，发现所有的城市建设千篇一律，我作为一个有建筑师背景的开发商，总觉得应该做点什么来改变这个状况。卡尔维诺的《看不见的城市》里面写了那么多种的风格，为什么我们城市建设只能有一种风格？

我最早接触城中村长江村时就觉得有这么几个问题：

第一，整个村子拆了以后就没有痕迹了。举个例子，他们本来有光荣军属家庭、有50年的土地证，还有很多的窑洞，包括最早的斜街的牌子，还有犁地的犁等一些农具。这些是村子自然形成的一种村庄记忆。我认为这些不该随着城中村改造消失。我们在做长江村的改造时搜集了很多村子里的物品，包括以前的一些老照片、农具，还有我们曾极力想永久留下几口窑洞作为纪念。我总觉得这些都是有记忆的，但用什么方法能把这种无形的记忆保留和记载下来呢？我也不清楚，我一直在思考这个问题。

第二，我感触特别深的是，原来的村子里，人们赖以生存的是土地。不管是拿土地租给别人收租金，还是自己种点东西卖，都是生活来源。但建起高楼后，这些都没了。村民是拿了一笔钱，但他们未来靠什么生活呢？据我了解，村子里面这些村民拿到第一笔拆迁款以后，光长江村就有100多人买了好车，起码二三十万的车。我不知道政府想过没有，

第二张面孔 陈文 *031*

这里本来有光荣军属家庭,有 50 年的土地证,有很多的窑洞,还有最早的斜街的牌子,有犁地的一些农具。这些是村庄特有的记忆

我们的城市建设只有一种风格

人是特别怕突然有了特别多的钱,迅速花完了,后面钱没了,他还有没有生存能力?所以我一直希望我们的项目给村民留两万平方米的商业面积,我是发自内心地希望将来能跟村民们一块盘活它,让村民们有事做,有经济来源。

我们城中村的改造项目还做到了一点:别的村子改造后的建设项目中,村民回迁部分的房子与商品房部分标准不一致,我们(有13万平方米的回迁房面积)是完全一样的,看不出来哪个楼是分给回迁村民的。我们是让村委会的人先选村民要的楼,剩下的是我们对市场销售的。

向社区服务者转变

房地产行业肯定在下行,这么多开发量,这么大存量,从整个国家经济来讲,如果靠房地产刺激它,是不可能持续的。我一直在思考,利用城中村改造的机会,把社区商业做起来。我坚信社区里面的油盐柴米酱醋茶的消费,只要能把它通过一种方式定向到你的社区商业里面来,它就能形成一个比较大的商业份额。商业和居民是一个共生关系,这个共生关系可能带来一个新的商机。还有我们也希望通过一个社区金融的方式把社区带活。

做这个的目的是希望未来能够把村民的一部分生活管起来,就是让他们有个基本生活、医疗的保障。所以我们这个社区目前在做养老规划。建成后,我们想让村民在这个社区里不仅完成城市化的转变,也要完成从乡村进入城市生活的转变。同时为他们保留乡村生活记忆,设计出适合他们生活习惯的公共空间、美术馆、养老中心、教育中心。全部建完后,在这个社区,我们的身份也会从开发商转变为社区文化的建设者和社区生活的服务者。

第三张面孔

刘 军

长江村所在杏花岭区杨家峪街道办主任
（现任杨家峪街道党工委书记）

"这也是造福一方的事情。我可能干不了几年，但是我们任上赶上了好时候，我觉得现在对我们太原市来说是最好的发展时机，我们不能辜负这个时机。"

赶上最好发展时期的居委会主任

● 刘军

太原市城中村改造2005年开始就启动了,但是直到2012年、2013年推进得都很缓慢,基本上八九年没怎么动。真正大动是2013年、2014年,也是太原市的耿(彦波)市长回来以后开始大规模启动城中村改造。我们这个区原先有15个城中村,这是从2005年就确定了的,但是当时就两个村开始行动:耙儿沟和享堂。

2005年那次启动城中村改造,政府给了指导政策,政策其实与后面的基本一致,但是当时太原市整个经济发展水平没有达到相应的程度,基本是太原市本地开发商来做城中村的改造。受制于规模、资金、融资成本等,当时都是非常小规模地搞。现在随着经济的发展,知名开发商进入太原,基本排名前20的房企全来了。而且我们现在做改造的条件也高了,基本上小开发商、本地开发商搞不起了。为啥这么多年搞不起来?我们耙儿沟就是一个例子,搞了八九年,一直受制于资金压力,不能大规模推进。

咱们的城中村平均一个村 500 户,一千多人,像这样中等水平的城中村改造,据我们测算,从拆迁、启动到回迁安置,整个下来得 20 个亿左右。所以先期启动的耙儿沟,进来一个开发商干一段时间就干不动了,最后引进四五家合作,还是没有做下来。受制于经济发展水平,房价也不高,开发商希望资金回报率很快,能马上投入盖起来就卖出去,但是城中村改造周期长,房价卖不起来,开发商就难以为继,干不动了。

所以现在我们在城中村改造中都是引进全国知名大开发商,它的融资能力强,资金实力雄厚,短时间能集中大量的资金搞这个事情。不光是我们,太原市 173 个城中村都是采取这种模式。大开发商资金实力雄厚,而且外地资金进来,能够带动整个太原市场固定资产投资和经济发展。

通过短时间大量的资金投入,促进城市建设的超强、快速发展

我们城改周期基本是三年,回迁、拆迁、建设。这么多城中村同时开发,这么多全国知名企业一年几百个亿砸进来,整个太原市经济发展带动起来了,这个是有目共睹的。通过城改解决了城市发展的问题,解决了老百姓居住的环境问题,也带动了下一步太原市整个社会经济发展一条龙规

划。通过城改我们把基础建设都搞了,把城市建设推进了,比如整个路网、水电的建设。当然,最直接的是改善居住条件,特别是农村人居环境得到改善,进而推进整个太原市经济发展。

关于城改,市政府出台了好多优惠政策,包括鼓励开发商投资,包括市政府让一份利,鼓励开发商参与城改,这个模式我觉得在全国也是一个比较新的模式。引进开发商、安置村民、发展经济,大家互相算账,等于增加了固投(固定资产投资),包括一部分安置用房,一部分商业用房,给村里头解决了下一步发展的问题。也响应了习主席提出的"乡村振兴"政策号召,壮大了集体经济,安置了村民,发展了商业。开发商卖一部分房,一部分用于安置村民。光靠政府拿不出这么多钱。

这两年随着太原市的发展,全国各大知名开发商都到太原市拿地。太原市房价从去年到今年一年涨幅在两三千,太原2018年4月份左右还出了一个限购的政策来抑制房价过快上涨。实际上我觉得太原是补涨。全国省会城市房价没有上万的城市没有几个了,太原现在房价上涨一定程度上是补涨。

我们前几天又出了一个吸引人才的政策。这么多房子盖起来要吸引人来才行。现在全国都在抢人才,人流、物流流通起来,城市才能有人气,才能发展。它就是通过短时间大量的资金投入,促进城市建设的超强、快速发展。

现在的模式是开发商来拿地，交土地出让金，土地出让金的一部分就用于市政建设，如管网、路网。其中土地出让金的85%退给开发商，也就是政府让利，用于村民回迁楼的安置和拆迁费用。

当时市里定的三七开、四六开，一部分给村里，除了安置村民以外，村里留一部分商业面积用于经营，解决一部分村民就业。剩下的开发商拿来开发商品房买卖，弥补它的资金不足。我们整个开发、拆迁、回迁的费用要通过商品房的买卖来弥补。等于政府让利，让开发商投资促进经济发展、城市建设，给老百姓改善人居环境，而且下一步还可以促进乡村经济的振兴。城改中给村里留了安置面积和配套的设施。比如这么大社区，几百栋楼盖起来了，下一步政府的服务设施，包括学校、医院、物业等都会给当地配备，其他配套产业也盘活了。这么多人的吃饭问题、出行问题、物业管理问题在这里解决，同时还促进了当地经济发展。

在这个过程中，很多东西发生了改变

目前我们的城中村改造还在进行当中，完成的有八个，还有两个村没有启动，准备今年（2018年）启动一个。整个改造涉及的村民应该是八千多户。

太原市现在政策很好，耿市长定的是商品房和回迁房建设要同步进行。你给我盖多少商品房，多少回迁房就要同步。如果达不到同步要求，市政府不给他批手续。所以他边建回迁房边建商品房，只有这样才能办五证，办完五证房子才可以卖。

城中村改造也经历了一个发展的过程，一开始老百姓不是很理解，老是觉得我们村里的地被开发商开发了，动了我们的利益了。当我们把这个城改讲清楚后，老百姓就会觉得这是百年不遇的好时机。随着这么多年的进展，老百姓也觉得确实是得到实惠了，工作也好搞了。城改从开始到现在，大家都有一个思想转变的过程。一开始不理解，我们好好的地为什么给了开发商？我们自己为什么不能开发？等等。农村还是本位主义，或者是我们落后思想一开始比较严重，随着这么多年城中村改造，大家经历了一个转变过程后就慢慢好了。

在这个过程中，很多东西发生了改变。以前村里人为了嫁给城市人，吃上供应，可以降低要求。城市人个人条件差一些我们的姑娘也愿嫁。我们这里就有一个特别漂亮的农村姑娘嫁给一个受工伤致残的太钢工人。现在遇见城中村改造了，村民每户都大几百万拿上了，而且还给你回迁安置房子。最多的一家得了30多套房子，足够住了，剩下的租出去，不仅解决了生活问题，还改变了三辈人的人生。

我们农村以前住破院子，还有很多是窑洞，从生活环境、个人收入来讲，几辈能得这么多？现在以农村户口为荣了，确实得实惠了，真是百年不遇。

我们这几个村子，包括长江村，总共几百户人，现在有一百多台好车。老百姓一领补偿款，先买车，因为房子还得两三年才能盖起来，买车马上就改善出行条件。我觉得对老百姓来说，他支持不支持你，或者拥护不拥护你，是跟他的生活相关的。他确实得实惠，生活改善了，他就会支持。这就是过去讲的经济基础决定上层建筑。我还发现城中村改造中，老百姓生活改善了，经济条件好了，个人素质也提高了，也大气了。家里面也不会因为小钱吵闹了，文化生活也丰富了，包括我们的演出队伍，锣鼓队伍现在都搞起来了。逢年过节，老百姓也舍得花钱了。以前打工挣不了几个钱，太原有个词叫"土豪"，这一城改，大家都成了"土豪"了。老百姓生活越过越好。

能赶上这么好的发展时期，我们累并快乐着

未来的发展，对我们杏花岭来说，我们的思路是"深耕老城，释放东山"。

我们杏花岭就像一个乒乓球的拍子，我们这三个乡镇是那个拍子的面，老城区是拍子的把儿。老城区可能有30多平方公里，但是我们整个农村是130多平方公里。通过城改，一方面把人居环境改善了，几百栋的高层楼建成后，老百姓可以在这里面生活、就业；另一方面，几十万平方米的商业面积盖起来后，我们就可以引进一些大的商业，建仓储物

流等。

我们最近引进了一个大型项目,被列入太原市整个城改转型发展的重点项目,叫"酿造小镇"。把太原市传统的酿造项目,比如太原酒厂、老陈醋厂、宁化府老陈醋、稻香村,还有东湖醋厂,这几个大的酿造企业在我们这里搞一个酿造小镇。前期规划1400多亩,现在太原酒厂已经动工了。

下一步,我们杏花岭区定位就是商贸新区。酿造小镇是传统行业,好多都是非遗产业。我们还引进了古琴的生产、明清家具的生产等非遗产业,太原酒厂也算是非遗企业。

我们现在在搞"乡村振兴""小镇战略",规划用地3000多亩,整个把我们杨家峪打造成为太原市的后花园、东山的生态屏障。这几年区政府大量地投入,把东山绿化生态搞得非常好。

下一步我们宜居环境建起来,包括乡村旅游,衣、食、住、行,我们再引进一些大的产业、卖场。还有学校,光杨家峪这个村我们就规划了四所小学、一所中学。因为我们城改都有教育配套,按我们的规划,改造后每一个村都要交回一所小学。十万人的社区我们就要建一所中学,下一步还有大型医院,这些设施都建起来。

太原市号称是龙城,实际上龙头的位置就在我们这里,在东山,在淖马和杨家峪交界的地方。在府东街东沿我们下一步就重点打造这个——太原市的龙头,把我们的商业、物流、旅游、文旅项目都搞起来。将来还要搞一些宜居小镇、商业地产。我们刚从南方学习回来,还要搞一些医疗地产,把我们东山经济盘活。随着城中村改造的推进,后面要做的事情非常多。

  这也是造福一方的事情。我可能干不了几年,但是我们任上赶上了好时候,我觉得现在对我们太原市来说是最好的发展时机,我们不能辜负这个时机。对我们杏花岭来说,经济发展起来了以后,我们的财政收入这几年一直持续向好,政府现在也有钱了,就能干更多的事情,包括我们整个公益事业投入也很大。以前没有这个能力,现在有了。政府拿出更多的钱来搞民生、搞事业。这都是相辅相成的。

  城中村改造带来了几个转变:农村变社区,村民变市民,村集体经济组织变股份公司,发展后还要给老百姓分红。集体土地变国有土地等。

  总的来讲我们干这份工作是参与者,也是建设者。虽然工作很难干,一天工作十几个小时,不光是我,我们从事农村工作的这是常态,也确实辛苦,但能赶上太原这么好的发展时机,我们也是累并快乐着。

第四张面孔

孟智尚

长江村书记兼村委主任

"对以前的长江村也没有太多留恋，真的就没有好活过。唯一留恋以前的，就是那时人和人之间非常亲。"

长江村主持拆迁的村支书

● 孟智尚

我是1958年生的,土生土长的长江村人。以前我家有三个土窑洞,2米5宽,六七米深,一家人住里面。我们家人口多,三个姐姐、三个妹妹、一个弟弟,加我父母。以前多苦啊,我们小时候真叫苦。冬天棉裤,就是里面一层布,外面一层布,中间棉花,没有秋裤。看着穿的是棉裤,实际上冷风从底下吹得慌。

我生下来就在这个村子里了。我也是一个苦命的孩子,生父在我5岁时就死了,我都记不住我父亲的样子了。我母亲带着六个孩子嫁给我继父,继父非常有功劳。人家是军人,残废军人,一条腿打了好几个大洞,是三等残疾。有了继父我这才有学上,我姐姐是高中毕业,我也算高中毕业。可是那时也没好好上学,有时候还交白卷。以前小学、中学是九年制教育,小学五年,初中二年,高中二年。那会儿政策是"学制要缩短,教育要革命""学工学农学兵,也要批

长江村村民原来居住的窑洞

判资产阶级"。

  那时的孩子都是自己下学,那鞋穿的,棉鞋底下磨得都是洞,一下雪,鞋里面都是湿的。光脚,没有袜子穿。我们小时候玩弹弓、砖头。搬块砖,看能滑下多远。跳格格、丢手绢、踢毽子、跳绳……弄点木头手枪、躲猫猫、推铁环(以前箍桶的环),拿铁勾勾推着玩,滑冰车。小时候也吃不到什么东西,就偷点东西吃,谁家有棵葡萄树、桃树、杏树,总要把他们家"害"了。几个小伙伴一块去偷,一个先上去,被发现了就跑,人家就去追他,剩下两个就上了树。没办法,都吃不上水果。哪像现在,买来水果孩子也不吃。

第四张面孔 孟智尚

小时候穿的衣服虱子和跳蚤特别多。就那一件衣服,白天穿了,母亲晚上还得拿洗衣盆煮了,要不然虱子死不了。那会儿穷,"穷生虱子富生疮",我们以前洗头用的基本上都是洗衣粉,我母亲那个年代用的碱面。

到七几年就稍微好点了。我姐姐嫁出去了,也还没出村(还在长江村)。她嫁出去以后又打了两孔窑洞,就在那窑洞里面结的婚。我姐夫是部队转业回来的,他条件好,给单位开车。以前开车牛啊,四个轮一转,底下鞋道儿都不沾。他也是太好活了,人太好活了反而命短了。他活到42岁,肺癌死了。我姐姐今年67岁,又改嫁了。

小时候村子里东面和西面,一个叫长乡一个叫扬江。过了一个小山屯,长乡在这边,扬江在那边。从这边到那边,以前总共加起来也就五六百米吧。

后来就合成长江村了,我小时候就叫长江村了。最早以前,满村加起来100多人,30来户,还有好些光棍。我小时候村里人都吃不饱,除了务农没有别的活儿。当时种的是高粱、玉米,果子种得很少……

(20世纪)60年代除了务农就是务农,没有别的手工业。到了七几年以后开始搞副业,当时对搞副业的政策也是一会儿给你放一放,给你干干,一会又收一收,不让干了。

八十年代以后

从1983年、1984年吧，土地开始承包了，咱们这里也没有把土地完全包下去。要是包下去，这次城中村改造就麻烦了，很难往回收那土地。现在咱们这里的土地还是集体性质的土地，个人只是承包。

村里光景好起来是1985年以后了。我是1985到1987年在村里干了三年副村主任，那会村里面有了村办企业，跑运输、跟广东那边合作办厂，做沙发和床垫，搞副业的收入补贴给村民。

那时市场刚开始放开，银行贷款很容易，银行提着钱到你家里来，但是没人敢借，因为借款要付利息了。那时胆子大的人就挣到钱了。村里面那时养了三台大车，还开了集体的白灰窑、电石厂。村里那时就有了分工了，承包土地的是承包土地的，管工业是管工业的，干副业是干副业的，农业是农业的，最后再一块分红。1987年以后，集体工厂都分下去了，成了个人承包了。我也不当副村主任了，搞个体户了。我自己开白灰窑、养汽车跑运输。到了1995年、1996年，我就到山上开煤矿了。我是2000年回的村。2000年，村里的老百姓说你回来吧，回村里来干主任吧，我就回来干村主任了。从2000年干到现在。从2006年开始，身兼书记、主任。

到了2006年以后，个人承包的土地就又收回（集体了。承包给个人，他们种地挣不到钱，很多人就不想种了。最后把土地又退回来了，退回来以后村里就利用土地资源搞企业了。有了个猪场，还有一个活性炭厂，还有20来亩地租给乡政府的企业用，一亩地一年给几千块钱租金。那会儿钱也值钱，比种粮食的收入多得多了，种粮食挣不下几百块钱啊。

城中村改造

咱们村是2007年被列入城中村改造计划的。当时为了给村里增加收入，村后面也盖了点房子卖。当时盖的小平房，很便宜就卖了。这次城中村改造赔偿下来，那些小平房的赔偿都到了小200万了。

2006年我们改造过一次了，当时我们改造是按房子建筑面积的1比1给补偿，那时我们都能拆了。后面在干的过程当中，上面给叫停了。2006年我们还是农村，2007年被列为城中村以后，不让村里拆了，村里所有建设都叫停。等2007年列入城中村后才开始动员拆迁，旁边剪子湾村是2009年拆的，它就定了个1比3的补偿办法，拆1平方米补3平方米。

咱们村2014年修高速路，修完就开始拆了。我们是参照人家剪子湾，你要再低了就拆不了，老百姓就会觉得人家给那么多，咱们就跨这么个高速路一下就少了那么多，不愿意。所以经过村两委和村民代表反复讨论，最后定下个1比

2014年修高速路,长江村开始拆迁

2.1 的补偿办法。在这个基础上才基本算是顺顺当当地把宅基地给拆了。

村里最早的村民,(19)82年以前的,那时盖宅基地最多给六分地,后面新批的给两分地。这个也是这次拆迁宅基地面积计算的依据。

这次城中村改造我们都是受益者,实际上我们老百姓都是受益者。现在老百姓最关心的是我们将来住上楼房了,没地了,挣不上钱,所有的费用怎么交?

这就是老百姓要问的，也是我们要考虑的。长江村改造引入的开发商是千渡公司，他们的陈文总也很关心这个问题。将来老百姓住上楼了，每年费用也不少，暖气费每年也要交2000多，水费、电费、物业管理费，再难也要交这个钱。但是以前他们住100平方米的房子，到时候给你分上300平方米的房子，你还有200平方米可以出租。这也是一条出路。

再说现在孩子们也大了，以前用一间房，最多盖两间房，就可以娶一个媳妇了。现在没有楼房，人家不嫁给你。要不是改造，咱们村还是娶媳妇难，你看城中村改造以后，傻子（脑子有问题的）都能娶上媳妇了，生下孩子了。

但也有被骗的。我们村里有一个叫傻二毛的，也娶了个媳妇，生了个孩子。生下孩子后，女人跑了，弄走了他可能二三十万吧。当时娶她的时候，给人家出彩礼费，给花了20多万，跟他过了两年，生了个孩子，后来跟别人跑了。

改造后居住大环境变了，人们生活质量也提高了，拆迁以后，村里村民们光车就新买了100多辆车。

拆迁一分地最起码附带15万块钱的补偿款，二分地就30万，有的还要再拿个20平方米、50平方米的房屋面积换点钱。他以前想有个车，买不起，能买个黄面的就很不错了，现在都是开的几十万的车，最差的也是现代、吉利、起亚，也都是十五六万的越野车。

2015年的3月20号，太原市前期启动了35个村子的拆迁，咱们就在第一批里头。3月20号市里开的动员会，市里面开完会，我回到村里面赶快开会，开两委会、两议会，开完以后就出台政策。这就开始正式裁决，4月5号、6号就开始丈量、动迁、测算，好几个组就成立了，成立后就开始干。

我们杏花岭区，4个村改造，咱们在这4个村里面。当时拆的户数也多，300多个院子，用了半年时间基本完成了拆迁。

拆迁当中，沟通是一门艺术。

记得最后有一户拆迁，太难太难了。家里面堆满东西，挤得进不去人。多少年了，他们全家一直住那俩窑洞。家里面养的猫、狗，加上灶台什么的……全挤满了。我们工程人员就进去给收拾，人家就在一边指挥着：这个鸡给我抓到这儿，那个猫给我抓到这儿。给人家把所有东西整理好，雇上车，拉到指定的地方。

最后那几户，早上人家还睡着呢，我和动迁组到人家窑洞底下，买的麻老豆腐让人家吃早饭……想起来有时想哭，有时想笑，可有意思了。早上早早就去了，晚上都得干到十一二点，因为白天村里人多，嘴也杂，有时谈个什么事情也没法谈。一般是吃完晚饭后，跟人打电话约好后，再去谈。其实做工作就是在政策不变的情况下，看看算的时候尽量能让你多拿一毛就多拿一毛。其实算来算去还不是那些东西？就是沟通方式上要让大家都满意。

不管怎么样，咱们是成功了，拆完了。楼房马上就建起来了，还有三年基本都盖起来了，最多五年。只要政策好，大家都能顺利地住上楼房。

长江村最好的时候是现在

我们拆迁安置基本算弄得不错了，基本上每户都给了一套房，因为被列为城中村之后，我就在村里留下一部分房源，就为拆迁打基础，大概留了七八十套房子。又在外面买了差不多200套房，就在周边村子，一共差不多300来套房用于村民过渡时期的安置。

买安置房都是政府花的钱，拆我们村民的房子，在村里修高速路，应该是给我们补上了一个多亿吧。政府的资金是有限的，拆得差不多了，我们就和千渡公司和华夏公司签了协议，后面除了政府补贴的钱，剩下的就是开发公司给我们后续需要的钱。

新区建成后，下一步就是解决村民就业的问题。肯定会安排一部分人，不可能全部都安排了。咱们安排的工资可能不会太高，发财发不了，但养家糊口、交个费用还是没有问题的。

咱们还留了点门脸房，将来拿门脸房出租出去，给老百姓解决一部分生活问题。这是我们作为村主任、书记应该考虑的事情。

想起来有时想哭，有时想笑……其实做工作就是在政策不变的情况下，看看算的时候尽量能让你多拿一毛就多拿一毛。算来算去还不是那些东西，就是沟通方式上要让大家都满意

这次农村产权制度改革，杏花岭区也是试点，咱们村这次改革也是挂了牌的。我们这以前是村，现在改成居委会。居委会底下有个股份经济合作社，这个股份经济合作社就是用来让你挣钱的。挣下的钱除了工资、开支之外，都给老百姓分下去。

合作社我是理事长，也可能就是董事长，还有一个副书记，他是监事长。现在有理事会、监事会还有股民代表。好比卖这个杯子需要卖多少钱，就开会定，把细节什么的谈谈，要经过反复研究、考察、开会，经过股民会来决定。股民就是从村民里来的，村民里，每15户一个代表。有什么事情我去开会，开完会就告诉股民代表，股民代表把咱们的精神传达到他代表的那15户中去，征求15户的意见，咱们再开会。讨论事项能达到三分之二的同意，这个事情就能做。达不到三分之二同意就不能做，做了就是违规。

我们村约定截至2017年12月31号，在册的、在村里有户口的，就是咱们的股民。小孩生下来就算，但要是2017年12月31号后生的就不行。将来村民死了的不减（死了的可以继承下去），新生的不增。我们现在已经分了十个等级，最老的1982年12月31号以前的，好比挣下1块钱你就能拿1块钱；二等的好比挣下100块，你就能发90；三等的就80；最后一等就是挣100，发10块。因为最老的是村里面的老村民，这些土地都是人家留下的。

这个工作量很大，也很细，都是在市里、区里统一的指导意见下，由村里两委会、两议会执行的。两委会是村支部和村委。两议会就是咱们有村民代表，我们是17个村民代表。咱们定的农村"四议、两公开"。"四议"是支部提议、两委商议、党员审议，最后是村民大会决议。村民大会实际上就是村民代表。

"两公开"就是每年3月15号一次、7月15号一次，一个是政务公开，一个财务公开。

村里老百姓就是这家子事那家子事，什么事都有，我们是最基层的，就和幼儿园一样，是最基层的。像城里的那些领导都是大学生，我们这里领导的是"幼儿园"的和"一年级"的。

现在拆迁了，村民有钱了，有楼房住了，说好也不好，有了钱了人也变懒了，不爱干活了。现在的人变了，和以前不一样了。再说自己干挣不了钱，人家来了包下你的铺子，就能挣钱，你自己挣钱连工资都挣不上。除了因为懒，还是因为经济观念不行。

我从接任村支书开始，水费就从没跟老百姓收过，不管是生活用水还是生产用水，都是村里面挣上钱填了那个窟窿。

老百姓的物业费、水费、卫生费都给他们免了，每年8月15还给每个村民发300块钱，过春节发300块，过端午发50块。还有退休，村民女的55岁，男的60岁，就享受退休待遇。退休金不多，我记不太清了，好像是55岁每月给100

元，65岁每月给150元，每涨10岁加100元。这些都是村里面给补贴，总共下来也到了100多万了。

下一步我想把商铺经营起来，弄点商业。将来我们和开发方合作的话，开发方让利，用我们村里的人，只要听话、肯干，你就到这里应聘来。你要投机取巧，那就不能用你，能用也不用。

村民们搬进楼房，也还是集中居住，还是邻居。村里必须再建个居委会，将来医疗、社区的活动等都得有。

现在村民都上楼了，还能找点农村的窑窑？找不见了。现在还能看见点黄土，再过上五年，就咱们这块，黄土都看不见了。不让你露土，露土的地方就得绿化覆盖。

对以前的长江村也没有太多留恋，真的就没有好活过。唯一留恋以前的，就是那时人和人之间非常亲。小时候我们住的窑洞，早上吃饭，你家吃的是小米饭，他家吃的是窝窝头，他家吃的是煮疙瘩，他家是老咸菜，他家是土豆丝，都凑一堆吃。那时人和人之间真是亲，一家有难，大家支援。好比我家今天没有白面了，没有榆钱面了，别人家就给拿上半升，之后再还回来。

长江村最好的时候就是现在，还有比现在更好的时候吗？开着小汽车，下着饭馆，喝着小酒。现在幸福指数最高，每天找我谈话的领导都说：你们这农民真好，我们从20岁上班上到55岁，35年我们能挣多少钱呢？你们一分地就到了百十来万，二分地到了二百万（含住房面积补偿）。我们就是一年挣上十万，多少年才能挣上你们的钱，还得不吃不喝不花。

现在吃得好、喝得好，但不像以前人有精神。现在村里面的人一下暴富了，有些人精神上就松懈了，开始不干正经事儿了。我们也想帮村民们理财，帮他们管理财富，他们可以每月有稳定的收益，但是村民们还是不愿意把钱拿出来。所以以后咱们居委会还是有很多事要做，要把文化生活搞上去，让有钱以后的村民真正变成居民，精神层次上的内容要提高，要长长久久地过好日子。

第五张面孔

高　晋

长江村改造参与者，
现任千渡地产公司执行总经理

"从我们的交际圈来看，我觉得家庭支出排第一位的是孩子，孩子的教育；第二应该是房贷和车贷；第三就是一些交际和生活必需品。"

黄河边长大的
设计师

● 高晋

我1981年出生在黄河边的一个小村庄。村子离黄河特别近，步行大概就十来分钟。小时候的印象基本是在黄河边跟村里一些小孩玩。夏天特别热，每天中午基本有两三个小时在黄河边泡着，大概五六岁就这样了，所以从小不怕水。

我记得夏天的时候黄河水就涨到河岸边，冬天的时候水就退到河中间。夏天一涨水，黄河边上一些村民的庄稼地就会被淹，这时我们去黄河边上都不带水，也不带吃的，因为上游有时会有西瓜漂过来，就可以捡个西瓜吃。玩的时候有可能两天不回家，晚上去别人家就睡了，家里人也不找。印象中那时即使家里人都出去也没有锁过门，基本上每家都种一些菜，种的菜都不同，可能你家今天想吃什么，别人家就过来给你一包菜。直到现在村子里还是这种状态。

我去年回家住了七天，基本每天早上出门都会看到门口放了一堆菜，可能是别人路过时给放的。自己家种的菠菜多了也会给别人一些。附近邻居做的好吃的，比如中午包了饺子、做了肉就会给拿过来，尤其是家里来了客人，附近的人都知道，都会过来帮忙。村里这种人际关系和城市还是完全不一样的。尤其我们村比较小，就一百来户，村里人都认识，每家都种了不一样的果树，你去谁家地里都可以吃，也没有人管，只要你不是拿一个袋子大量去摘就行。如果你要多摘一些，打个招呼也可以。

现在村子还是有了一些变化。上次回去时村子里正在修高铁，高铁正好从我们村经过。修高铁就在黄河上面建了一座副桥，黄河水基本退到靠西边，也就是靠陕西那边，我们这边要走半个小时才能见到水。

这几年明显感觉到黄河水少了，感觉一年比一年少。上大学的时候回去，暑假没什么事情，帮一些小孩补习补习作业，中午的时候也会带他们去黄河边玩。但现在的小孩会觉得河边危险，只能去河边人工渠里玩一玩，而且现在人工渠也有专门巡查的，不让小孩进去玩。现在村子里的小孩暑假期间基本是上一些兴趣班，很少有像我们小时候能在外面一玩好几天不回家的。而且现在小孩到了吃饭时间不回家，家里人可能就着急了，就要出去找。

这条穿过村子的铁路是大西铁路，从大同到西安。去年从太原到西安路段已经通了，现在从大同到太原还没有通。大西高铁线永济北站离我家很近，大概步行40多分钟就到了，5公里多。我们那片全是种果树的，现在果商来往就比较方便。我上高中的时候，家里种的苹果和李子，因为没有果商去收，李子成熟季又比较短，三五天不收就掉落了。我记得当时放暑假从太原往老家走的时候，太原李子七八块钱一斤，但回到家之后没有人来收，找到人来收的时候，价钱只能一毛多一斤，还得挑个大的。后来没有办法就把桃、李子这些成熟季特别短的果树都砍了。现在高铁通了，果商去的特别多，现在又开始大范围地种桃、苹果这两种水果。还有杏树，杏和桃的成熟季都特别短。现在网络也发达，村主任自己都会开淘宝店，到网店去销售这些水果。现在村民的收入比以前高多了。

城市化　打工

中国的城市化进程对于我们这个村子目前还没有什么影响，因为我们村离永济市区大概30多公里，比较偏。建了高铁线以后，政府也想把周围的经济带动起来，但是现在来说，唯一能带动经济的可能还是种果树，城市化进程对我们村庄没有什么实质的影响。

我们那边村民很早——大概在1992年、1993年的样子——村子里的劳动力都出去打工了，主要是开一些小餐馆。基本上在市面见到的山西刀削面、山西饺子店都是永济人开的，所以你进去会发现都是老乡。以前村里人出去打工

不可避免在消失的村庄

主要是去二三线城市，也有四五线城市，我印象从2006年、2007年北京奥运会之前开始，村里人陆续去北京打工，到现在有三分之一的打工者都去了北京，因为北京机会比较多、利润比较高。

因为村子比较小，村里只要有几个人回村说在北京挣到了钱，其他人就都会跟着去北京找机会，我们村的人有一半都在北京。

村庄　居住

小时候村里都是住平房，类似于中国古建筑那种坡屋顶的。每家都有院子，因为我们村子比较小，占地又比较大，每家都有宽10米、长基本是50米左右这样的一个院子。最前边是养牛、养猪的地方，还有一个后院，卫生间在后院，后院养鸡等，中间住人。正房一般是三间，厢房一边是四五间，西厢房有一间是用来储藏粮食的。

小时候大家居住条件差不多，没有那么大差别。印象最深的是1990年北京亚运会，学校组织全校学生去看开幕式。当时全村只有一台彩电，那户人家条件稍好点，就把家里的彩电搬出来放在门口，所有人都去看。但他家的居住条件跟其他家也是一样的，唯一不同的是他家有彩电。

那时居住形式千篇一律，从建筑外观来看也看不出贫富差距。每家房子基本一样，包括房子的布局、建筑的形式、高低基本都是一样的。村子里的人相处比较和谐。我记得当时有一个算命先生吧，说如果谁家的房子高于别家的话，邻里会不和，所以大家的房子基本都是一个高度。现在村子里基本没人养牛、养猪、养鸡了，如果谁家还想养的话，就单独在村子之外找地方去养殖了。所以村子里现在居住的房子和院子的布局和以前完全不一样了。

现在村里的房子差距其实挺大的了，有的可能在外面打工挣了钱，回来先把自己家房子盖好，基本是盖的两三层房子。而家里就剩下老人的，房子就还是原来的老房子，没什么变化。我印象中有一家人的房砖上还刻着民国多少年的字样，他家那个房子很老很老，层高也低，采光也不那么好。村里新盖的房子都是两三层的，而且基本都用了空调、地暖、沼气啊等一些新设施，沼气可以用来采暖采光。

城市　未来

上小学、初中时没有什么理想，就是上学的时候好好学习，回家帮家里干点活，唯一羡慕的就是你干活的时候别的小朋友在玩。小学和初中都是在村办的学校上的，离家特别近，但是从小学五年级就住校了。初中离家里一公里多，也住校，每个礼拜或者一个月回一次家，所有东西都是自己准备，衣服自己洗，所有东西自己弄。

到了高中就到市里了，离家比较远，那会儿对未来才开始有点想法，因为那会班级里同学的层次就不一样了。当时唯一的想法就是长大了不能留在村里，要走出去。唯一的办法就是考大学考出去。

1999年上大学之前，我唯一接触过的城市就是永济市。很小的城市，全市人口也就6万到8万吧，没有什么高楼大厦，最高的一座楼可能就是电视台，是一座九层的楼。第一次接触永济是上高中的时候，当时对城市生活和村里有什么不同感受不是那么深，唯一的印象就是生活在城市里的人不用干农活，到周末的时候，他们就可以在家做很多好吃的，等着孩子回来吃，去过的同学家基本都是这样。不像在村里，回去之后第一想到的是干活，家里人可能也就刚回来时会给你做顿好饭，后面基本就是在家干一些农活。

真正对城市有感觉是到太原上大学以后。我1999年上的大学。太原理工大学，建筑学本科。我们是五年制，五年完了之后，2004年又上了建筑学研究生，2007年毕业。

到太原上大学时也是我一个人来的，一个人坐一晚上火车到了太原。一出火车站感觉就是：太原真大，尤其是正对着迎泽大街，觉得这个街真宽，两边全是高楼。

研究生毕业以后，就在太原市建筑设计院上班，干了三年以后就去了房地产公司。在设计院工作时，作息时间不太规律，经常是夜里两三点还在做设计，早上十点多才起床。2010年有半年时间特别闲，就想自己尝试走出去换一种生活看看。第一想法是考公务员，所以就报考那年的公务员，太原市政府机械事务管理局的公务员。这个公务员考完之后有特别长的时间等待面试。就在这段时间我接触了房地产，有了转型做房地产行业的想法。当时太原房地产市场还是比较平淡的，在2010年的时候还没有大规模建设，也没有多少大的上市房企进太原，当时也就一个大唐算是进太原比较早的，还有一个恒大绿洲，是恒大在太原的第一个项目。偶然的机会，经朋友介绍，加入到三千渡的项目中。

进了这家公司以后的第二年四月份，公务员考试的面试通知下来了，我被录取了。但我最后还是放弃了公务员工作，选择继续在三千渡工作。当时想留在地产行业工作的原因有两点：

第一，自己主观上特别想改变一下设计院的那种生活方式，生活特别没有规律，而且看不到前景在哪儿，觉得没有什么出路。

第二，当时加入三千渡时跟陈文总聊过一次，聊完之后觉得他的一些想法——就算他个人魅力吧——还是对自己有挺大触动的。以前在太原做设计的时候，觉得自己至少在太原这个小圈子里还算可以。从1999年一直到2010年，十几年时间里我一直局限在太原，很少走出去，有点像井底之蛙。聊完之后我觉得其实外面的世界很大。

第三，公务员的工作我去体验了几天，觉得确实不适合我，我是一个技术型的人。

到千渡地产之后，给我的职务是设计部经理，还是负责设计这块。刚来的时候其实是摸着石头过河，没做过，大概用了差不多半年时间才慢慢适应了房地产设计部和设计院做设计之间的区别。房地产公司的设计主要是从事一些管理工作，而设计院主要是从事纯技术的工作。其实在我刚去三千渡的时候，组织架构还不那么完善，人员比较少，所以从事的工作比较杂。除了设计，还有一些营销、宣传工作也会参与。工作完全超出了设计部的范畴，这样做其实挺好，因为能接触到很多不同方向的人和其他部门的工作，对房地产整体了解比别人快一点。这样做了两年，到2012年底的时候就觉得特别迷茫，不知道地产公司设计部到底是做什么的，对自己将来的定位很迷茫，就想去大公司看一看他们的设计部是怎么做的。当时陈总也特别支持，说你可以去万科或者其他地方去尝试一下。

到万科面试完之后，我才发现好多的同学、师兄都在这些房地产公司的设计部工作，我就每天约一个在地产公司工作的同学聊，聊完之后我觉得在三千渡特别好，因为你的接触面比他们广太多了，能接触工程、销售、管理等，而他们在大公司就比较专。跟他们聊完之后，我静下心来用了一个月的时间把所有这些东西消化了一遍。然后又找了一个地产培训班，系统学习了地产知识，基本把这几年的工作串起来了，理出了思路，而且给自己找到了职业经理人的发展方向。如果朝着这个方向发展的话，在三千渡公司要比那些大地产公司强很多了，机会也多。

长江村改造

到 2015 年，我在地产公司做了四年多，而且在做三千渡项目的时候基本房地产每个口都接触到了，自己每个部门的东西都实操过，所以经验没有问题。2015 年有一个机会，去做长江村的城中村改造。长江村当时是太原市第一批重点改造村，刚来的时候村口挂了一个横幅就是"打造太原第一村"，它被列为第一批的第一个重点改造村。

第一次到长江村看的时候，第一印象就是村子有点偏，而且比较落后。上学的时候在城中村租房住了很长时间，觉得城中村基本都是五六层的房子，用来出租，特别繁华，一二层基本都是商业嘛。到了这个村以后，发现这里特别安静，很少有出租的。都是一层、两层的房子，沿街偶尔有一栋四层的房子，整体感觉这个村特别落后。

长江村其实历史不是特别长。我来了以后就和公司请来的北京的建筑专家史建老师一块调了一些村史资料、地方志看了下。长江村应该是（19）55 年新建的一个村，之前在更偏东的一个山沟里，后来把两个村迁出来以后，合并成长江村。村民构成大部分是老一辈，就是当时从山沟里迁过来的地地道道的村民。中年这一代，50 岁左右的基本都属于市民了，在附近的一些厂，如太钢，太原一些大的企业上班。到了年轻一代，20 岁、30 岁，或者更小的，基本都离开这个村庄了，都去市里生活，或者去了别的城市生活了。这个村里基本是以老年人为主。

2015年签完协议后开始拆迁,拆迁之前和每一户村民都沟通完了,如确定拆迁补偿。两种形式,一种是实物,一种是货币。整个沟通是由区里牵头,由街办和村委为主要的执行单位,整个过程开发商是不参与的。城中村改造原则上是政府,或者说最基层的政府,把村里土地拆出来以后交给开发商,由开发商来做开发。最后实物的补偿,跟村里谈好基本户型的比例还有位置,三年时间,建完以后交给村民。

当时跟村里的一些老人聊过,他们还是挺响应政府这种拆迁的号召的,因为长江村这个村基本都是一两层,居住条件不是那么好,而且他们没有什么副业收入,没有多少房子可出租。村里最原始的那条街叫桥东后街,基本以窑洞为主,来租房的特别少。他们还是很响应城中村改造,一是改善居住环境,二是可以补偿一部分商铺,会有一部分稳定的收入。

事实上在2015年我们接触长江村的时候,村里基本上就没有耕地了。村民的收入来源,老人可能村里有一些补贴,年轻的、50岁以下的人都是外出上班。村子的居住环境特别差,周围基本被垃圾收购站包围了。

而改造后还建给村民的房子,我们公司当时的做法就是规划统一,交给村民的房子和对外销售的商品房一模一样,体现不出来哪些是还建回迁房。而且规划完成后先让村民去挑,让村民自己决定想生活在哪一片。后来发现村民都还愿意住在自己原来生活的村庄所在地，所以在我们整体规划的西南角，那五栋楼就整体被村民挑走了。这些房子从整体设计，包括户型、景观配置、公区装修、建筑标准和我们卖的商品房标准是一致的，甚至有的地方还搞一些特殊化，满足一些村民的个性化要求。我们会在设计的时候考虑进去，包括村民对户型的要求都会考虑进去。我们这样做的意思就是说：因为这是你们祖祖辈辈生活的地方，原则上你们优先选择，剩下的我们再对外销售。城中村没有了，村民的土地也没有了，房子也没有了，将来建成以后把房子交给他们，村民就和市民一样了。所以城市化进程有两条线：一是村里的住宅变成楼房，另一个就是人，人就是由村民变成市民的过程。

村庄在不可避免地消失

因为我小时候也是在村里生活的，所以对城中村改造也有一些个人的感情色彩。有时也觉得城市化进程推得太快了，对原有村庄基本只有一种模式，就是全部拆除，重新建。它原来的风貌、历史的肌理，包括它自己形成的村庄的特点基本都没有了，都被现代化的高楼取代了。因为公司有这方面的情怀，我们在做长江村改造，建设东山晴项目时，还是想保留一部分它原来的地形地貌，至少长江村的村民有一个可以怀念的东西。但是这个初衷在实施过程中非常难，后来没有办法,我们就只能做了一个长江村的村史美术馆,把以前一些旧的物件、老的照片,以展览的形式留下来,权当给村庄留一个记忆。

这就是一个矛盾,社会在进步,经济在发展,城市化是一个趋势,旧的村庄不可避免地消失。以前可能到了一个村子,村口就会有很多的老人在那晒晒太阳、聊聊天,有说有笑。可到了高层住宅以后就没有这样的空间了,所以就需要人为地去给他们创造一部分可以邻里互动的空间。我们在做设计的时候就给每个楼做了一个小的会客厅,这个公共空间是露天的。几个会客厅之间还有一个大的社交、聚会的场所。因为他们和商品房的买卖还不一样,他们互相都认识,他们更需要这样更多或者更大的空间去延续他们的生活和习惯。

最早的时候,我们有一个想法,因为长江村不大,主要街道是桥东后街,我们原来想把桥东后街整个保留,然后再结合我们新的规划,把它用新的现代的建筑语言重新包装推向市场,成为一个保存村庄记忆的公共空间。但是后来在做这个规划的时候遇到困难:一是保留这条街对整个小区的影响比较大;二是在拆迁过程中遇到阻力,当你想保留这部分不拆,一部分已经搬出去住的村民们看到他家没拆就又回去住了。这样就需要第二次拆迁,又要一部分费用。这样没办法就把那部分拆了,拆掉以后这个村就没有什么保留下来的东西了。

后来还是出于建筑师的情怀,就想给这个村里做一点能传承下来的东西，我们就有一个想法，就是从整个规划中截取几个节点，让一些有情怀的年轻一代的设计师参与进来一起设计。我们选了四个节点来做：一个是幼儿园，一个是小学，一个是长江美术馆，还有是一个综合楼。从设计思路上，美术馆相当于做了一个社区的会客厅，它就在原来村子老村委会的位置上，首先延续了原来公共建筑的位置。第二我们把它做成一个开放性的，就是连通城市和社区之间的一个连通器。第三方面它的名字就是美术馆，而且是长江村史美术馆。把历史的一些东西在这里面展览，体现出来。

另外，在建筑语言上也大量使用了以前长江村及周边一些地方的语言。

小学基本保留了长江村原始的地形地貌，在一个黄土高坡上，保留了它的黄土和地形地貌，结合这个地形地貌做了一个融入周围环境的建筑。

幼儿园主要在建筑语言上我们想保留一部分长江后街的原始建筑和地貌，所以用了一些窑洞的建筑语言，还有一些他们从前建筑的符号和语言，做了幼儿园的设计。

综合楼现在的设计还没有结束，还在方案阶段，现在设计师提出的想法是把原来平面的长江村立体化。做成一个立体的城中村，原来叫城中村，现在改成一个村中城。

我有时想，如果城市化推进到我老家的村庄会怎么样。因为我是一个建筑师，现在做房地产，如果是我们的村子需要改造的时候，因为是自己生活过的地方，情怀会比较重，我希望能对过往生活记忆做很多保留，或者结合当地人生活习惯和建筑特点来改造。

感情上我希望我童年的村庄保留下来，因为觉得回到那里能找到家的感觉，出来是一个工作的感觉，完全是两个不同的感觉。而且原来生活的村子，现在觉得特别好，大家之间没有什么芥蒂，没有收入差距导致的不平等，大家都基本在一个生活水平，邻里之间互相帮助。

我们家基本都在城市生活，只有父母两个人还住在村里。我2013年结婚时在太原买了一套房。因为自己做这一行，永远对户型、对整个小区品质都不满意，所以一直没有买房。直到结婚必须买时才买了一套。

我的孩子现在4岁，基本会在国庆或者长假开车带他回我们村子。平常孩子一直跟着我岳父和岳母生活，在一个厂矿，大家都认识。他在厂矿的生活和我回到村里的生活差不多，没有人照看的时候可以一个人玩，因为有院子，他就在院子里跑。不下雨的时候，他就找附近村里的小孩玩去了。

我感觉山西人还是比较恋家的，尤其是像以前的晋商，他们在外面挣到钱后第一件事就是在老家买地盖房、置产业。山西以前有一句老话："金窝银窝不如自己的狗窝。"还是想把自己的家做好。

城中村改造带动了市场需求

现在的人都走出去了，我们老家永济，跟我年龄差不多的现在基本在外地务工。他们的孩子基本都留在原来的村庄，而村庄又没有学校。教育资源整合以后，小的村庄学校就取消了。现在大家在城里挣到了钱都想让孩子受到好的教育，基本都把孩子送到市区，而把孩子送到市里第一个事就是需要买房。他们挣到钱以后都是到市里买房，所以就导致市里的房地产比较火爆，尤其是在过年前后。大家平时都是务工，过年就回到村子，回到村里这一段时间买房的特别多，也集中。大部分买房都是为了子女，或者为了老人方便照顾子女。

现在在太原市买房有两种人：

第一是随着城中村改造的进程，出现了大量的持大量货币的人，他们的购买力是很旺盛的。而且他原来的房子被拆掉了，他有钱又没有住的地方，所以他首先想到的是买房子，买大房子。

第二是外来人口，想在太原市落脚，以前他还能在城中村租房，现在没有那个条件了，只能去买房。

太原市这几年城市化进程特别快，就城中村改造来说，推向市场的房子也特别多，尤其是 2015 年以后，太原市开始加大力度做城中村改造，房子基本是供不应求。

太原房地产，我觉得基本是从 2015 年城中村改造之后热起来的，这两年基本都属于供不应求，求大于供。但是市场毕竟有它的规律，到了一定程度肯定就会有一个降温的过程。等基础建设到了一定程度，城中村改造到了一定程度，想买房的人都有房子住了，需求就会小了。助推房地产涨高的市政配套和土地供应都会趋于平衡，房价基本会趋于稳定。

我觉得太原人在买房这方面的想法，一般是先自己有一套住的，再给子女买一套房，将来子女压力会小一点。有条件的话给老人再买一套。

可能现在很多人倾向于在同一个小区买房，住得很近又不住在一起，又近又远的这种关系，生活上没有摩擦，互相又能帮助到。

1999年来太原的时候，当时第一印象除了高楼大厦和宽的街道之外，没有其他深刻的感觉。后来生活久了就发现太原整体生活比较安逸，节奏比较慢。当时也没有什么快速路，就是正常街道，红绿灯很多，尤其是老城区，可能三五百米就一个红绿灯。但大家都很习惯这样的生活，因为车辆也不多。可是随着经济发展，车辆越来越多，基础设施什么都跟不上了，我印象大概在2008年左右，太原开始出现大规模的基础建设和房地产投资，当时就开始出现滨河路、西路、建设路这些快速路的改造。

在2013年、2014年开始出现环线，更多的快速路出现了。房地产从2008年以后进入一个旺盛期，尤其是2010年以后，一些大的地产商进到太原以后，那几年太原就像一个大工地。以前太原就那么几个大的公园,很少有小的公园和游园,而且之前主要的河渠都属于泄洪和两边行车用的,没有别的功能。现在改成快速路以后,周边也建了一些小的公园,建了很多小的游园,你能看到人们愿意每天早上出来在公园锻炼休闲,我觉得百姓的生活比以前更丰富了,精神状态更好了,交流得也多了。以前就只能去迎泽公园、五一广场,去了之后人山人海。现在每个小公园都保持了一定的密度,人不多不少。我觉得这样挺好的。

因为我是从外地到太原工作生活的,我们高中同学、初中同学、小学同学到太原的还是挺多的,大概20多个在太原生活。对于买房基本上没有太大的压力,都会自己先买一套,然后给子女买。

倒是子女的教育这块的投资,他们的焦虑远比房子大很多。我们来到太原,相当于是创业的一代,从农村通过自己考学到了大的城市,基本都是这样留下来的。所以也会希望能通过自己的努力,给孩子更好的教育。因为以前在村里的教育条件是很差的,基本上教室都属于危房,冬天没有暖气,连窗户都没有,只能在老师办公室生一个火炉,教育资源也比较缺乏,基本上都是民办老师。到了这里以后,会特别想给孩子好的教育,想办法给他享受好的教育资源。周末的时候,多去参加一些培训班、兴趣班。从我们的交际圈来看,我觉得家庭支出排第一位的是孩子,孩子的教育;第二应该是房贷和车贷;第三就是一些交际和生活必需品。

一切都是为了服务别人

我对自己目前的工作状态还是比较满意的，将来还是想往房地产职业经理人去走，觉得自己现在的精力什么的还可以，自己再往上走也没有什么大问题，觉得顺理成章就走过去了。对孩子，原则上不想给他太多学习上的压力，让他健康快乐地成长就可以了。

我挺喜欢太原这座城市的，冬暖夏凉，而且是四季分明。在这里，夏天基本不怎么用空调的。我现在习惯每天早起，6点起床，晚上11点之前就睡觉了。起来之后你看到这个城市基本上就属于还没有什么人的城市，也没有什么车，夜生活也不是特别多。

我从进入房地产行业到现在一直有个想法，房地产是完全属于服务型的行业，也就是说，我们是为了客户，包括业主去服务的。现在建设阶段是这样，将来交房以后也是这样的。我觉得现在是一个大规模的建设期，所以很多想法不会那么快落地，也没有时间让你去实现它，慢慢随着进程越来越缓，很多的细节化的设计，包括很多服务理念都会慢慢去落地。包括将来物业的服务，还有对客户前期的一些服务，都应该是从客户角度去理解、去提供服务。就是说所有的一切都是为了服务别人，得到别人的一个认可，只有这样才能有房地产后续的发展，或者说是房地产的转型。开发建设只是服务链条中一个很短的阶段，建设完成了以后才是服务真正的开始。

第六张面孔

段建军

布鲁克联盟成员,
山西某房地产经纪公司总经理

"都是农村出来的,在城里再过个十年二十年,就会像我这样,想回去。我感觉下一步会有越来越多的人又想回到村庄这样一个原生态的地方,拥有一套自己的房子。"

故乡已经消失了的创业者

● 段建军

我1981年出生在山西原平市（原来是一个小县城）。我生在这个小县城的一个非常小的小山村，叫一家村，全村总共才有40多个人。一家村据记载是从忻州（与原平市接壤）一个非常大的村子迁移过来一户人，繁衍下来形成了一个小村子。村子的历史也不是特别长，大概一百来年。村子没有自己的文化，有一段时期有过一点历史的文字记录，后来很长一段时间村子就没有任何文字记录了。

村里人曾经找到一个碑文，还有族谱等，但是也很模糊了。因为没有文化，这个村子自始至终都没有一个有文化的人在村子里出现过。我爸是第一个上了学可以回家给村里人念报纸的孩子。因为村子太小没有学校，我爸是到旁边一个村子上的学，大概要走3公里的山路。

因为山村嘛，生活条件比较差。在我2岁的时候，我爸觉得这个村子生活不下去了，种地活不了了，就决定离开这里另谋生路。机缘巧合，我爸带着我们一家——包括我们兄弟姐妹三个，加上我爸妈、我奶奶，一共六口人——搬到现在住的村子。而我出生的一家村，随着时间的推移基本在地球上消失了，这个村子没有了。

因为太穷，村里人陆续搬走，把户口都迁走了，还有七八户没迁出户口的，这些户赶上国家扶贫计划的大政策，给他们都分了房。他们分了房子就彻底把户口挪走了，所以这个村子一个人也没有了，只剩一个村名而已。只有几户搞养殖的还在这条山沟里，另外就是还有一些从外面来旅游的、做户外运动的。一家村自然景观、原始景观特别好，我家门口是条河，非常漂亮。其实我离开村子后，从几岁开始就想着如何能再回去盖一个非常好的房子，我们重新在那里生活，现在看来是实现不了了。

今年遇到一个作家，他自发整理原平的故事，要写一本书，但是没有经费，我就赞助他五千块钱。可能我的赞助在他的经费里面占比比较大，他就非要写我的故事，给我编了一个特别逗的故事。我说你为什么要写这个？写得我特别没意思。其实我的本意是，我们家虽然早就从这个村子离开了，但是这个村子马上从世界上消失了，我希望有一个文字性的东西记录下来。这种类型的村子在中国有很多，这种村子是中国很多这样的小自然村的一个缩影。

在曹三泉村是外姓人

在我两岁的时候,我们全家就搬到另一个村子——曹三泉村居住。我们刚去这个村子时没有住的地方,借了别人家一个院子住。这个家庭还不错,有一个非常大的门,我笔记本电脑的屏保就是这个门的照片。

这个曹三泉村名字有来历。因为相邻三个村子每一个村子都有一个泉眼,所以周边有若干个叫 X 三泉的村,我们叫曹三泉村,这个村子 90% 以上的人姓曹。现在我的公司也有很多和我们一起长大的孩子,都姓曹。我家作为一户外姓人搬来时,这个村子不把我们当成自己人。我现在都快 40 岁了,也没有真正从感情上认为这个地方是我的故乡。我心里的故乡还是一家村。所以我很惋惜那个村现在没有生活景象,我赞助作家写一家村,就是想让他在书里记录下一家村的存在,想让我爸看到这个东西。

我现在是太原原平商会副会长,我回去跟我们县里市里的领导见面,他们基本都会问:"你是哪的?"我都会说我是一家村的,不会说曹三泉村,这是一种情结。我后来惊喜地发现,这些领导都知道这个村子,我以为它非常小,领导们都不知道。

我小时候的印象就是穷。我这个年纪很多人觉得不应该有那么穷的生活,可我印象里就是穷,老是吃不饱,老是饿着。我们那儿主要种玉米等杂粮,家里能吃的好像只有窝头。我小时候尽吃窝头。我跟很多城里的同龄人或其他地区村里的孩子讲,他们都不相信,他们觉得我们这个年代不应该穷成那样。我后来发现,我们那里就是比别的地区穷,只有自产自足的粮食吃。

我们家养了很多鸡,小时候却吃不上鸡蛋。家里养了这么多只鸡,为什么吃不上鸡蛋?因为全卖了,有人过来收。我爸每天可以吃一个鸡蛋,他要干重体力活,需要营养。其他人都吃不上。可能到我14岁、15岁的时候,我爸就开始收猪卖猪肉了,家里肉就不缺了,但我小时候又不爱吃肉。那时已经20世纪90年代了,但我记忆里生活仍旧特别的匮乏。小时候从来没有过零用钱,从来没有过零食,15岁之前没有喝过牛奶。有一次看电视,《新闻联播》采访一个外国老太太,她说"我已经多少天没有喝过牛奶了。"我就想我长这么大也没有喝过牛奶(直到现在我也不喜欢喝牛奶)。

后来生活条件相对好一点点了。可惜我们家没有一个念书的,我们三个孩子,哥哥姐姐和我,都没有把书读完。我初二就已经不上学了,开始去工地干那些最底层的体力活。一般砖是四个一摞,要用砖卡子提起来。刚去的时候提不动,老是装不了一车。一车是200块砖,要装满它。但是我就装不满,没有体力,手很疼。干活不到一个月就很轻松了,体力锻炼出来了。大概干了一年多,就开始想往太原跑,找各种机会想去闯一闯。农村没有其他出路,又没有读书,当时最流行的厨师什么的,不知道为什么我都不愿意去学。后来就觉得跑业务会好一些。到18岁、19岁时就尽量找这种做业务的工作，之后也就一直从事销售类的工作，一直到现在。

与太原这座城市一起成长

1997年太原有一个江南酒店招聘，当时是就业还比较难的时候，找工作困难。我想来太原打工，又不想做服务员，犹豫半天又回去了。到1999年才算又来太原，开始做日用品销售。当时我在府东街，就是早期的太原CBD，当时就觉得那里楼特别高。现在当然还是那个楼，还是我，就觉得没那么高了。那时挨家挨户推销日用品，就是洗发水、牙膏、牙刷什么的。后来做了演艺公司，类似于现在的公关活动公司，接房地产公司的活。老上门跑业务，就觉得房地产公司的工作挺好的，一直想找机会进入这个行业，我觉得这个工作应该适合我。

2002年，正好有一个台湾的地产代理公司招人，我和几个朋友就一起去面试。那家公司当时在山西独树一帜，非常厉害。它愿意让没有经验，又非常渴望进入这个行业，想赚钱有冲劲的人进来。它有一段时间非常长的培训，培训做得非常好。现在这家公司在培训上仍然做得很好，只不过业务份额降低了，这家公司的体系到现在没有变。正因为这样，当时很多有热情的人去接受培训，他们中的很多也确实在后来成了地产界的优秀人才。

我进入这家公司,就算进入地产行业了,从2002年一直到现在。

开始做销售以后,收入就相对稳定了,而且逐渐提高了。我第一次有了5000块钱存款应该是2004年的5月份,当时那个月发了6100块钱提成,是公司里拿得最多的。当时就觉得这笔钱好大。

我在这个公司做了两年,2004年8月份离职。后来有一些机会自己做小承包的代理工作,就开始进入小项目的代理,一步一步开始自己创业了。2005年之后我就没打过工,一直是自己干。

我们到处在山西地县市找需要销售的住宅项目或者商业项目。当时商业项目也是卖得非常好的,因为那时老百姓也都有钱了,想投资不动产。

我们在山西高平、长治、长子、永济,很多地县市都做过项目。因为当时太原的项目非常少,我们机会很少。另外做太原项目赚得没有小县城多,所以当时我们主要精力也不在太原。

到了2012年以后,周边地县市的项目越来越差,市场也不太好,业务逐渐往太原收缩。但是2012年真正回到太原时,整个房地产行业就变得非常不好了。2012年到2015年我认为是太原市场非常低迷的阶段,整个山西省,像我们这样大大小小的团队,可能有90%都消失了,做不下去了,而我们恰恰是这几年才成长起来的。原来我们是小团队,几个人开始做,到现在我们公司有小一百人了。

我们公司在太原不算大公司,但也不算小公司,中游公司的水平。从创业到现在,主业务方向没有变过,但是我们现在基于房地产,也做相关的广告设计、策划服务等业务的拓展。

在我创业做公司的过程中,应该是 2006 年、2007 年、2008 年上半年市场很好,然后 2015 年到 2017 年也好做。第一个阶段应该是行情刚刚来,上升期。但是 2008 年、2009 年调控之后市场热度又下去了一下。2009 年到 2011 年又是一个好的时期,2012 年至 2015 年市场又是非常不好。到 2016 年、2017 年,有非常长时间的市场低迷。我们基本跟着这个行业的起伏在成长。

刚创业的时候,很小的团队很快就赚到几十万块钱了。那会儿刚刚拥有这么多财富的时候还是比较迷茫的。到现在,我们赚的钱绝对值比那会儿多得多,但并没有那时的喜悦和获得感强了。

现在我们公司一年大概是两千万的营业额,主体业务非常稳固,团队管理层最长的跟我 11 年,短的都五六年了。团队非常稳定,业务不会出大的偏差,所以不是特别牵扯我的精力。我现在主要的精力是希望跟不同的人去接触,不同的人会带来不同的机会。

长江村改造把太原的地产人聚在一起

机缘巧合之下，我认识了建设长江村改造项目的陈文总。我认识他时，他还在做三千渡项目，真正合作是他做长江村改造，开发东山晴项目时。在做这个项目时，他创立了一种共享经济模式的销售体系，就是他说的布鲁克联盟。这个联盟就是共同销售、共享利润的合作方式。这种合作模式应该是太原市场上第一次有这样的机会，聚集到这么多不错的团队。因为项目足够好，模式足够好，重要的是分利润的模式也足够好，才使大家能聚在一起，大家都觉得这是非常好的机会，参与度非常高。

参与东山晴项目的都是行业的老人了，对这件事中的很多问题都进行了探讨，包括前期后期的分配模式、进入退出的模式都做了探讨，前前后后聊了一个月。真正开始销售时也是我们公司起的头，开始把气氛带起来的。因为我从一开始就笃定这种模式是没有问题的。拿我公司来说，从参与布鲁克联盟到现在，整体就是这个机遇，这个时间段公司扩张得比较好。

但是就我的感受来说，太原市场如果没有大的经济转型，后劲不会太足，就是这一波过去可能就过去了，因为它没有人口的优势。可能这一波我们还是拿存量在做，存量的房和存量的需求在对接。我自己2006年买了两套房，买了一年的时间我就赚了大概投资额的150%，就卖掉了。后来我又买了一套，目前我就留了两套房子和三间写字楼。我们公司中层以上都有房，少的一套，多的两套，年轻点的孩子买没买房就不清楚了。

我对太原市整体房地产市场持一点点的悲观态度，因为我认为它的持续性比较弱，除非有一个很好的转型机会。所以我们要做的，第一就是要尽快积累我们的资本，我们要找一些机会，投入更大、产出更大的机会；第二是寻求转型；第三是我们在开发上是不是能有一些新的参与机会，新模式的参与，或者资金调配上的机会。通过这几年做的事情的经验等各方面积累，我们的资金运作能力比原来强了可能几十倍。

我在太原20年了，我觉得从2013年之后到现在的变化，应该比过去15年的变化都要大很多。原来太原的格局，我来这么多年都没有什么变化，但从2013年到现在格局出现了非常大的变化，5年没回太原的人再回到太原都不认识了。我自己非常喜欢太原这座城市，城市的规模、消费、人口、道路我都非常满意。特别是气候，来太原的外地人我都推荐留在太原。从居住上来说，我希望自己的房子有合适的平方米数和一个相对规模合适的社区，有好的管理，有好的基本配套，我个人就非常满足了。我没有特别奢华的需求，我不太追求这些东西。

想修一座祖庙，让一家村的亲人聚到一起

现在回我生长的村子看，变化非常小，人口越来越少，年轻人几乎不会再回去，农村老龄化非常严重。当然政府还是在做很多事，比如通路、安路灯、垃圾清运，半城市化的一些配套会慢慢进来，但是农村的老态仍然在那里，迟早会没落。老一代的人消失后，村子就没什么人了。

因为我父母不愿意来城市生活，我在村里给父母盖了房子。原来我们想在原平市区买一套房子，因为我们家人口比较多，连我哥加我们家在内一共11口人，需要一个比较大的房子来家庭聚会，但是原平市房子也没有看上一套非常好的。后来还是决定在村里盖，第一可以盖一个我自己喜欢的样子，第二盖一个面积大的，最终还花不了那么多钱。其实我们村离城市也非常近，各种物资的购买、交通都非常方便了。

房子盖成了还是很开心的。我认为是我的一个功劳，因为可以让父母住一个新房子。这也可能是农村孩子的一种情怀，愿意回去给父母做一点事。

农村老百姓最大的问题是就业问题，他们没有固定的收入，村民们不一定希望挣得非常多，但是希望有一个长期稳定的工作提供给他们。我也希望当自己有这样能力的时候，就做这样一件事情，在农村做一个实体，这样能提供很多就业机会，给家乡做贡献。大的产业我还没有那么大的能力和

想法，但比如搞养殖等在农村是可以做的。

至于我出生的一家村，我父辈跟那些流散的村民联系还比较紧密，而我们这一代通常都互不认识了。过年回去祭祖上坟时，我爸还想自己出点钱把段家的祖庙盖起来。原来的四五十人开枝散叶也有几百口子人了，就是没有留下一点念想的东西能把这些人聚在一起，希望有这样一个东西能把大家凝聚起来。其实我们都是兄弟姐妹，只是互相都没有见过。我爸也希望这么做，我也有这个意愿，但是不知道能不能做成。

大家都是农村出来的，在城里再过个十年二十年，就会像我这样，想回去。我感觉下一步会有越来越多的人又想回到村庄这样一个原生态的地方，拥有一套自己的房子。我不知道宅基地的流转会变成什么样，但很多城里人或许在自己老家，或许在自己喜欢的农村的某个地方，会希望有这样一个自己的地方去居住。

第七张面孔

冯 霞

长江村改造项目参与者，
千渡地产公司营销总监

"如果说还有焦虑点，那就是随着年龄的增长，我们也在思考，我们这样的职业经理人面对社会快速发展的状况，知识架构或者眼界和精力还能不能跟得上？"

在村庄改造中快速成长的营销总监

● 冯霞

我是山西晋南人。在我们那个年代上学是包分配的,上中专和师范就会包分配。我父母都是老师,他们愿意让我继续从事教师这个职业,我当时选择走的捷径,初中毕业以全校第三名的成绩考到临汾师范去了。三年毕业就会有派遣证,派遣到当地的教育局,教育局就会分配,就会成为正式的老师,吃财政的饭。我毕业后就变成了幼儿园老师。

我是1999年6月份毕业的。当了半年幼儿园老师之后,我就发现有点做不了,细心程度不够,照顾孩子耐心程度也不够,年龄又比较小,毕业时才19岁,后来就换去教初中了。当时县城里面很缺语文老师,学校就说要不你教语文吧。第一届教的是很差的班,当时叫D班,最差的班,当班主任同时教语文。教完一年后,期末考试发现,我们班的成绩特别好,比A班平均分高了7分。

其实这个班孩子们的成绩不好,不是说孩子不聪明,也不是说孩子有劣根性,而是这些孩子要不是父母没有时间管,要不就是从小学习习惯不好,没有一个人正确地引导他。有时候他们是从心里面排斥老师,老师说啥我就偏不听啥。当时去了之后,我觉得跟他们年龄差得不是很多,所以就开始采用一些他们喜欢的方式跟他们接触:既然你喜欢玩篮球,那好吧,你要是这节课不想上可以申请,你可以在操场打篮球,只要我看着你是安全的就行。但是要求你打完篮球,得背什么什么东西,你得写点什么。有些小孩愿意劳动,也行,我们就干点别的活。但干完活后得写东西,得跟我聊你内心的感受。

就这样,也没有刻意想让他们成绩好起来,但他们成绩却上去了,后来发现这样处理孩子们跟我关系反而特别好。过年的时候,家里都得扫家嘛,小县城得贴对联、扫家,孩子们就自己组织一帮同学去我家。周末来敲门,大门一开,进来十几个小孩,拿着抹布扫家。我特别感动。

那个班毕业之后,我变成A班班主任。

后来我有了两个孩子,就面临孩子的教育问题,家里面想着县城的教育水平不是特别好,顺应父母的安排就来了太原。

我公公婆婆觉得当时他们还有这个能力帮我们在省会城市买套小点的房子,为了他们的孙子将来的成长环境能比我们更好一点。就这样,我老公还留在临汾工作,我和我公婆带着俩小孩来太原生活。

来太原后我一直专职在家带孩子,大概持续了四五年时间。到我家老二上了中班,我才出来找工作。当时其实也挺茫然的,2010年左右的时候我有两个选择:

第一个选择就是去一所好点的学校干我的老本行,当时正好遇到太原私立学校在快速发展。那个时候长江村旁边的私立学校杏花岭实验学校正好招语文老师,去那里当老师的话孩子上学不用交学费,还能管两个孩子。当时一个朋友就推荐我去应聘。

第二个选择就是:楼下的售楼处。这个售楼处离家近,上完班就可以回家。

我当时对加入这个私立学校有点发怵,原因是学历不高,都是后来考取的学历。我在上师范的第二年就开始考专科,自己去考全国成人自考,考完专科继续考本科,就这样进修的。因为第一学历太低了,其实也不知道未来什么样,总是觉得学历是很重要的,一定要去考,所以就不断地考。怀孕生孩子期间一直处于一边上班一边带孩子一边考学历的状态。到2004年全部考完,本科毕业。

当时家里希望我全职带孩子。因为出去上班,收入其实也不一定特别好,给家里面也添补不了多少,还不如带孩子。带孩子如果能带出来一个好点的大学生来,也是成就。售楼处就在楼下,上班很方便,也能带孩子,家长也没太反对,我就那么入了场,算是进入房地产行业了。当时一边接送孩子,一边在楼下上班,卖我们小区的房子。

在这个公司我第一个月挣八百,从八百块钱开始干起,后来挣三四千,好的时候四五千。干了一段时间以后就觉得挺得心应手的,大概三个月就当了主管了,老板也比较信任和赏识我。因为我们是代理公司,必须出去拿项目。一年之后,小区的房子卖完了,公司新接的项目都特别远,家里面孩子又是个问题,所以经过取舍,做到项目主管就离职了。

辞职以后又当上了全职妈妈,但有了这段工作经历后感觉房地产这行我还挺喜欢的。突然发现自己的个性还比较适合做销售,也愿意聊天,愿意交朋友。之前从我这里买了房子的业主都跟我变成了好朋友。所以就想接下来还找这方面的工作吧,收入不低,还挺自由的,压力大归大,但是很自由的。

后来就去网上投简历,当时富力录取了,千渡公司这边也录取了。富力那边就是离家特别远,当时也不太懂富力是什么样的企业,也不懂千渡是什么样的企业,最后选择来了千渡公司。第一取决于它离家近,第二取决于当时跟千渡的陈文总的面试聊天。

我原来在代理公司接触到的甲方老板,一般都是戴金链子的、开路虎车的、要爆粗口的,我们要去结账嘛,就会挨骂,就那样一种感觉。所以我当时对陈总的期望值不是特别高,因为我觉得老板就是那样的,但是进去以后突然发现他是一个戴眼镜的、文质彬彬的老板。面试最后陈总说,给你布置一个作业,你就看看我们这个项目,写一篇关于这个项目的文章。这个老板跟以前的老板完全不一样，真的差距太大太大了。面试完之后我还在外头的工位上跟人事说话呢，陈总就背着双肩包走了，他赶飞机回北京。我觉得人可能完全是一种眼缘，我就这样来千渡工作了，一直待到现在。

我来时当时主管和经理都是空缺的，还没有团队，我来之后组建的团队。我记得当时给陈总交作业是入职第三天，第二个周一就交所有关于这个项目的现场说辞、销讲作业和答客问。入职的第一周是焦虑的，当时有车了，刚学会开车，跌跌撞撞的，也不敢去太远的地方。利用业余时间把我所有做房地产的朋友拜访了一遍，把他们的销讲词拿过来，去学习去整合，然后再去我们的项目现场看我们三千渡那块地，去想它的卖点是什么，我们销讲里面应该有什么东西。但是也很快，一周就做完了。

我加入三千渡项目的时候底薪不高，但是我觉得平台很重要。来的时候，从零开始的经历是在别的地方完全没有的。当时也挺难的，都是不顺的，有很长一段时间都在调整，也学到了很多。中间因为回老家处理一些事情离职了一段时间，处理完还是回来了，因为觉得陈总本身是一个做事业的人。我们这些跟他一起工作的人老觉得他不是一个纯粹的商人，身上有一种理想主义的东西，所以还是愿意回来。后来又跟着陈总参与了长江村改造项目——东山晴。

经历了恐慌性购房

太原的房地产市场从 2011 年到 2013 年都还好，稍微觉得热度有点下来是在 2013 年到 2014 年，到 2014 年就开始限购了。所以 2014 年的时候，房价不是特别高，太原六七千块钱一平方米。我们这个东山晴项目从 2015 年 10 月份入市开始到现在，太原本土的客户很少很少，很多都是在太原务工的外来人口，像我这样临汾的、运城的、忻州的、吕梁的，都是从老家来到这边工作。我们在太原没有基础，父母老辈都是在老家，自己得先有套房子。如果自己发展得不错，一般还会再给孩子买一套房。就拿我自己来讲，就是这样的想法。因为我是外地人，我就先在三千渡买的第一套房，当时价格也合适。买完之后，我在这里就扎根了，落脚了，工作也不错，我就再给孩子买一套呗，我就再出手给孩买了一套。

我在去年又买了一套，就是因为看见市场太恐怖了，涨得太快了，一下从七八千的均价涨到一万。这个时候再不出手，作为一个业内人我也看不懂市场了，恐慌性购房，我自己是恐慌性购房。所以我也不愿意再去等了，算了，就赶紧再给孩子囤一套吧，多少钱买的多少钱算，不管涨还是跌，我总算有套房子在那儿。

我的房子都是按揭的，而且太原市场现在（租金）能补（按揭）的基本没有，租金没怎么涨，房价涨的速度远远高于租金涨的速度。我现在一个月月供一万块钱，供两套房子，所以导致我跟我老公基本不能停下来休息，不敢有这个想法。还有两个孩子上私立学校的学费，一年的学费大概在4万左右，两个孩子就8万左右。太原还是私立学校的教学质量比公立好一些。

太原这个市场投资客很少的，现在也有，但从咱们东山晴来看，投资客比例占得很小，基本都是刚需。

据我了解，太原人买房子基本都是除了自己住的，再囤一套给孩子的。其实老百姓，尤其我们中年人的想法，在能挣钱的黄金年龄，基本把自己养老的事情想明白了，像我现在就是赶紧把房子先买好，不至于将来我儿子娶媳妇的时候没有房子。

就我接触的客户看，太原人买房子越来越早，买房的年龄越来越小。90后的孩子，甚至是1995年、1996年，甚至1997年、1998年生的小孩就要买房。我们是做过分析的，有的在22岁、23岁就开始买房了。都是父母支付房费，上了班的也是父母支付首付款，他自己来还（贷）。分工很明确的。

在东山晴项目中快速成长

我自己从2011年有了团队以后，算是真正进入了管理层，做了管理工作。在2011年到2012年这段时间我的成长是最快的。因为有了自己的团队，包括现场的表格、管理制度，细到保洁每天擦多少次桌子，保安的站姿是什么样的，都由我来管。当时身兼数职，一天管的事也特别多，虽然特别辛苦，但是很充实，成长也是非常快的。从2015年我们来做东山晴项目的时候，我的机会真的是从那时开始的，算是浴火重生的感觉。当时其实也是负责销售这一块，职务也是销售经理。但是做的事情是超过这个职务范围的。从2015年开始，项目正式运作，一直到现在，在2017年的7月份开始做了营销的副总监。到2018年4月份，成了营销总监。

2015年9月份，东山晴项目真正跨入正轨，那个时候我们要开始做布鲁克联盟，当时陈总也是非常信任地把这个事情交给我，从前期约布鲁克联盟的成员来我们这里进行路演，一直到当年的9月18号，我们布鲁克联盟正式签订了合作的框架，签订完之后，这块大石头算是落地了。那时候从布鲁克联盟的现场制度、判客制度，再到我们这个团队的扩张，从当时的3个人到现在的20多个人，都是我自己一手慢慢带过来的。

布鲁克联盟从2015年年底又进行了B轮的招募。B轮又进来八家，加上前期的A轮十三家，还有我自己的团队，十四个团队，在一个案场工作。相当于本来我对一个老板工作，变成对十多个老板工作，因为布鲁克联盟都是以股权的方式进来的，是要对很多的老板对接工作。从管理上来说，从管理自己一个团队，到管理十多个团队，这种压力，还有

2017年，当地的房地产市场经历了恐慌性购房

这种平衡的把握很煎熬，也有过争吵。因为联盟的人在案场，我的人也在，难免会有客户撞单，撞单我必须站在很中立的角度，不能偏不能袒。所以当时成长是挺艰难的，但是那一步跨出来以后成长也是特别快的。

这样一步步走来，其实我个人在东山晴这个项目的建设过程中成长最快。整体来讲，从开发层面接触比较多，公司给的平台也比较好，从前期东山晴摘牌拿地，到后面拿到预售证，我们从前期的销售，到现在一切就绪，这个过程还是刻骨铭心的，应该是职业生涯中最重要的经历。

要让大家感觉到家的氛围

我们千渡东山晴这个项目是杏花岭区长江村的整村改

造。在这样一个整村改造的前提之下,这个项目其实更像是一个完全独立出来的小城。村子原来有的一些东西,比如小学、幼儿园,还有它的一些小商业,原来是一个很小的社会。现在既然拆掉了,我们的使命就是去把它重塑起来,让它有个新的面貌。所以我们前期设计的出发点就是一定要把这个项目从一个小城的角度考虑,要配备学校、幼儿园,要给大家很好的医疗场所。

除了这些之外,我们还要给村民精神层面的支撑。既然我们去做城改,就不仅仅要从房子硬件设施上提高村民的居住水平,更应该从软件上、服务上让它变成一个更好的生活居住环境。要让业主、村民,在我们社区里面,不仅仅感受到房子挺好住,配套也很完善,更是希望他们在这里有一种家的感觉。假如我们能给业主的孩子定期有一些免费的培训课,或者给这些老人们教画画、写毛笔字行不行?把这些社区文化做起来,这样我们才是真正地把城改做到位了。

我对我们的社区未来还是特别有信心的。因为我们愿意从业主的角度思考问题,我们不仅仅是去建房子,也不仅仅是为了建好卖掉它,更多的是要做好后期的服务,让我们这个社区变成真正的、大家能够感觉到家的氛围的有文化底蕴的地方。

当下的幸福与焦虑

当下我觉得自己最成功的就是生了两个孩子,又很碰巧的是个"好"字,一个姑娘一个儿子,这是我当下最幸福的事。还有就是我和老公双方的父母特别健康,家庭氛围特别好。我跟我爱人感情比较好,公公婆婆就是我们的榜样。他们一路走来,感情特别好,我爸妈也是。在这样一个家庭氛围中是非常满足的,这种幸福感是钱或者别的东西给不了的。这也是我当下最幸福的事情。

如果说还有焦虑点,那就是随着年龄的增长,我们也在思考,我们这样的职业经理人面对社会快速发展的状况,知识架构或者眼界和精力还能不能跟得上?现在月薪可能不算低,也算是小白领,但三年以后你还能挣到这么高的工资吗?五年以后你还值钱吗?十年之后快50岁了,还会不会有更好的平台?这个可能是当下最焦虑的。

• • •

第八张面孔

尤 宁

长江村改造项目东山晴业主，公司职员

"很典型的例子就是城中村改造中的村民，他们都拿到了补偿的房子，有的能分到八套、十套房子。像这种情况，不要说大学生愿不愿意嫁给他，一个研究生都愿意嫁给他。可是反过来讲，一个村民不愿意娶一个研究生，不愿意娶一个大学生，他要娶同等条件的城中村拆迁户，同样有八套房子的拆迁户。"

无论如何都要买一个房子的白领

● 尤宁

我是1989年出生的,差一点点就是90后。2008年因为上大学来到山西太原,老家是朔州市应县。

小时候家里就是住平房。我家里五口人,有十多间房子,一间宽度大概有4米左右,很大很宽敞。高应该有5米多,北方是炕,站在炕上还得踩特别高的凳子才能够着房顶,所以擦玻璃是一个很大的工程。但也有好处,就是采光特别好,只要有太阳,冬天都不需要采暖。

晋北属于山西的北方,晋北地区地多人少,所以家家房子都很大,但是都是平房。第一,地多,不缺,所以不需要盖很多层。第二,可能经济也没有达到那个条件。房子很大,但下水上水没有,吃水是要靠水井,没有下水道,没有暖气。

我大学学的测绘专业跟煤矿有关。2011年大学毕业时正好赶上山西省兼并重组煤矿,煤炭行业还比较紧俏的时候，就业形势特别好。好多同学都去了晋煤集团、阳煤集团等大型煤炭国有企业，工作也比较稳定。其实我也有条件去这样的单位，但是一般有煤的地方都比较偏僻，有煤炭储量的地方肯定是有山有沟，生活不如太原方便，各方面也没有太原发达。感觉赚了钱也没有生活，每天你的同事、朋友，你所有的交际都在山沟里，之后孩子读书的条件和在太原长大的孩子也是不一样的。最后就决定留在太原，选择在太原工作。

刚毕业时我在亲戚家住，我大多数同事是租房。因为公司工资很可观，福利又好，管吃，除了日常的一些必要开销，赚的都可以存下，所以当时经济条件还好。

我上学的时候就开始关注房价，刚来太原的时候就这样。因为当时房价特别便宜，两三千块钱一平方米的时候就想买。因为当时学习还可以，有奖学金，家里面给的钱也够花，我又是一个不乱花钱的人，所以能节约出好多钱。我家里不管有没有奖学金，不管有没有额外收入，该给我多少钱还给多少钱，给得很充足，又不乱花，就存下了。我存的钱当时在太原是可以付一个房子首付的，但是有一个问题，付了首付还不了贷款，因为没有工作，没有收入证明。家里面也不是很支持，家里就觉得一个女孩子只要钱够花就行，买房子、赚钱这种事都应该让男生去干。我记得有一次我非要买房子，我妈最生气的时候就说："天下男人都死绝了吗？让你一个女的来买房？"家里不同意买，上学的时候就没买成房，然后就搁浅了。但是关于房价、哪有新楼盘之类的信息，我一直都在关注。包括有同事结婚刚需买房，谁买了几层、什么户型等关于房子的事，我都特别愿意听。

工作三四年的时候，我想买一个商铺。看广告，有个商铺才5万块钱，几平方米的那种。然后就考虑，等考虑完了小户型就没有了，大户型也买不起了，就又搁浅了。有一年，我又要买房子，是一个小产权的房子，当时特别想买，就去看了房子，还凑了钱，小产权的房子是需要一次性付款的。当时差3万还是5万块钱，就给家长打电话，问能不能支援一下，或者借我也行，完了我还你。我爸爸当时说行，明天给你。但是第二天，爸爸就说没钱，显然是妈妈没同意。

再过一段时间，因为家长知道我有这个想法，就会给我灌输另一种思想打消我买房的念头。慢慢我就觉得好像买房子也没有那么重要，也觉得无所谓了，不买就不买吧。

午休一小时，去买了一套房

真正买千渡东山晴这个房子的时候，只用了一个中午的时间。特别机缘巧合，我有一个同事结了婚要买房子，她老公常年出差不能陪她去看房子。一天中午，我们三五分钟就吃完饭了，还有两个小时的休息时间。她就拉我陪她去看房，说就当吃完饭消化消化，售楼部的人还车接车送，几分钟就看完了。她为了说服我陪她去看房，就跟我说那房子多好多好，把她准备买的概率说得很大。其实她就是为了让我陪她一起去，我就当消化一下午饭就陪她去了。

那天特别巧，我没有拿包，只拿了一张银行卡。一去售楼部，一看这房子这么便宜！当时是4380元一平方米，那是2015年。头一天的价格是4280元，比起初的价格贵了100块钱一平方米。当时就觉得，这么便宜得赶快买。因为县城那个价钱都不一定能买得到，当时就交了订金。整个过程就是：中午从公司出发，坐上车到了售楼部，看了一下就交了订金，然后回了公司，没有影响下午上班，只用了一个小时。我买了房子，也没有去看具体在哪儿，好多细节都没有看。因为我第一是看这个价钱特别便宜，第二在地图上搜了一下，项目所在的位置离公司也挺近，离几大商圈和医院也挺近，教育配套也行。它是城中村改造项目，不像新楼盘开发出来以后周边是一片荒芜，周边的配套成熟还得等一个过程。这个项目周边其实已经是成熟的，只不过把城中村不太规整的房子再改造成一个成熟的社区罢了。

我在回公司的路上才跟我妈打电话说我买房子了。我妈说你已经买了吗？我说是的。我妈说你真棒。就夸了我几句，接着说妈妈忙呢，先挂了。所以真正买这个房子的时候，家长也没有反对。

我记得首付是11万3千3，全是我自己的钱，几乎是我工作四年的全部积蓄。房子我很喜欢，楼层也好，我觉得

80后单身白领,午休一小时,买了一套房。太原人买房子越来越早,买房的年龄也越来越小。

有太阳的地方心情才不会阴暗，人才会清爽，一定要一个高层。最后我买到了24层的一个82平方米的房子。

因为当时我的钱全存的定期，手里只有几万现花的钱。首付的钱全部是借的。

交完订金，下午回去上班，给三个同事发微信，说我准备买房子了，你能借我点钱吗？我什么什么时候还，因为（我存的钱）就剩一个月就到期了，还的时候我按什么利息给你。那一次忽然发现自己人品大爆发，因为我只是那么一发，也不期待这个钱真的能借到，因为你最亲最爱的人都不一定能借给你，但是他们都把钱借给了我。还有一个同事是刚结了婚，我只是给他发了一句问问，没抱太大希望。我觉得他刚结婚可能也没什么钱，因为他是男生，娶媳妇，彩礼钱也挺贵的。但是我给他发了以后，他就告诉我说，你等一下我把股票卖了。然后他就把股票抛了，白借我5万块钱。不过过了一周我就想，凭什么自己把钱存银行定期赚利息，再把别人的钱借来干自己的事，好像有点说不过去，不太合适。就毅然决然地又把定期取了，把钱还了，其实就剩几天定期就到期了。

买房之后就开始还按揭。之前花钱是不用考虑的，因为虽然没有很多钱，但是在我的消费水平里面，在我的阶层里面，我的收入是花不完的，不管我怎么花都花不完。开始按揭后，刚开始那几个月有点吃不消，房贷、公积金乱七八糟扣下来就觉得没什么钱了，天天在吃老本。就觉得：天哪，多大的山能够吃呢？马上就有空了的那种感觉。但是后来也还好，因为有公积金，银行那边满三个月就可以转公积金，转了公积金以后就完全没压力了，又可以任性地买买买。公积金还贷的话，可以扣公积金里面的钱。

你为什么要那么拼

我目前还单身，之所以这么执着地要买房，就是觉得房价肯定会涨，越晚买越买不起。我本身又是普通的工薪阶层，并不是富豪，没有那么多钱可以不去管房价到底涨不涨、这个市场怎么样，我要根据我的需要去买。在我的收入阶层里，我的行事标准还是计划经济，尤其是房子这种大件是不可控的，不管国家对这个市场可不可控，在我的层面是不可控的，所以必须得提前去买。

房子对我来说一定是一个保障，不管将来是成家还是怎么样，有房子心里面总归踏实点，不需要再依靠别人。如果当时不买，我现在就已经买不起了。

因为我有房子了，我对将来的男朋友就没有房子的要求了，他可以住我的房子。但是如果我自己没有房子，我住他的房子，我就会觉得没有那么踏实。感情这个东西有可能今天我爱你是真的，明天我不爱你也是真的。都是当时最真实的反映，人不可能永恒，还是自己最可靠。

我家一直反对我买房，是因为我家对房价不是很敏感，但是他们给我其他的东西是别的家庭给不了的。我父母在当地算智商、情商都可以的。虽然家在小地方，但是他们在当地各方面都还不错。我们那儿的教育水平很差，像我的同龄人都是小学毕业就不读书了，有的家庭的孩子可能小学还没毕业就不上学了。上初中的都很少，女孩子上初中的就更少了。但我父母都是高中毕业，当年的高中毕业可能在大城市不算什么，但是在小地方算相当高的学历了，因为你的小学老师可能仅仅是小学毕业或者初中毕业。我父母的思想挺先进的，给了我不少好的影响。我对做生意、投资这方面特别敏感，上学的时候会卖方便面什么的，比较有经济头脑，我觉得这受到了家里的熏陶。

我妈的思想要比爸爸的思想更先进，但是妈妈有点心疼自己的女儿，她觉得女孩子的钱够吃够喝够玩就行，也没有几年的青春，就应该工作的时候好好工作，闲暇的时间去游山玩水，去享受人生，要活出这个年纪的风采。所以她会想，你买了房子的话，接下来面对的生活是什么样子的？假如我今天明明可以不干这个工作，但是想了想我的房贷，我会毅然留下来，或者本来我可以说不，但是我会因为这个事情说我可以，她觉得这样我会委屈我自己。有的人30岁活得依然是20岁的状态，很开心，我妈就觉得20岁活出40岁的生活很不值。当你40岁有经济条件去过20岁生活的时候，你已经没有那个心态了。她是这么想的。

而且可能还有一个，她觉得全天下的女生都不用拼，你为什么要把自己拼成那个样子？明明可以像其他人一样好好嫁一个人，享受生活，你为什么要那么拼呢？

这一套理论并不是我妈妈说出来的，是我领会了她的意思，从她的意思中感觉出来的。

房价涨得让我心惊

我买房子这事前期几个月对我是动力，在还没有还贷款的时候，就觉得以后不能浪费钱了，要努力工作，要出差，有什么项目都要抢着做，每天活得特别正能量。今天要攒个装修的钱，明天要攒个床的钱，后天要攒个柜子的钱，就觉得生活充满了希望。到了真正还贷款的时候，刚开始那几个月明显感觉房子变成了压力。比如买一套衣服，以前三五千块钱很正常，只要我喜欢就可以买，如果我喜欢的俩颜色挑不出来，我可以两个颜色一起买。但是现在我可能就试试然后扭头就走了，我还会黯然神伤，就会觉得：天哪，我怎么过成这个样子？我连这个都买不起了，我连这个都不舍得买了。其实我当时是有那个钱去买的，但是买的时候会犹豫：我接下来房子还会有什么开支？接下来还有什么钱的出项？我要把其他东西都考虑到以后，余下的钱才可以随意用。在贷款转成公积金以后，就感觉完全恢复了以前的状态，基本上没有什么后顾之忧。现在唯一愁的是装修的钱、家具的钱和什么时候交房，因为交房的时候还有一笔费用。事实上，我是在2015年房价还挺低时买的房子，2016年房价就飞涨了，周围的同事、朋友都特别羡慕。

2017年初的时候房价就开始涨，涨到让我有点惊讶，价格一周一涨，涨得我心花怒放，就觉得特别开心。涨到这个价钱我自己也没有想到。我有一个同事，从2014年就开始看房，一直看到现在他都没有买。房价一路飙升，本来当时可以全款付，现在只能付一个首付。

对于房价，怎么说呢，就我已经买了房子的状态来说，肯定是希望它涨吧，继续涨。但是要是说我现在没房子，或者我正准备入手二套房，就会希望平缓一点，因为很多人其实还是没有钱。像我们办公室同事就会在老板在的时候说：房价又涨了，工资为什么还不涨？就会天天影射老板让老板赶快涨工资。这样的话就会有一个循环，老板就会要求甲方：现在员工的工资都涨了，我们的合同是不是应该再涨一涨？甲方的甲方……最后又提高了房价。国家肯定还会调控嘛，整体还是要平衡的。房价再低也有买不起的人，房价再高也有买得起的人。国家肯定还是会把握平衡。

女孩子结婚的唯一标准就是要有房子

我身边年轻人当然也有很厉害的，工作一年就自己买了房子、买了车，但这都是极个别的，大多数买房子可能是家长给的首付。女孩子结婚的唯一标准就是有房子就能结婚，男生只要有房子，对象就不愁。如果你没有房子，仅仅是有一个稳定的工作，仅仅是你很优秀，仅仅是你长得好看，或者是身高很高，还是不管用，一到结婚这个坎上大家还是要房子。很多人宁愿嫁给房子，哪怕人降一下标准，这个房子是不能降标准的。

一个层次有一个层次的标准，学历稍微高一点的，工作好一点的，可能要求的是太原市中心的房子，或者太原市大品牌地产商的房子。条件次一点的就再往下降一点，只要在太原有楼房就可以。再往下降一点，可能小产权的房子也行，只要是房子就行。现在村里面即使不读书的，小学毕业的，也都要在县城里面有房子才肯结婚。

很典型的例子就是城中村改造中的拆迁户，他们都拿到了补偿的房子，有的能分到八套、十套房子。像这种情况，不要说大学生愿不愿意嫁给他，一个研究生都愿意嫁给他。可是反过来讲，一个村民不愿意娶一个研究生，不愿意娶一个大学生，他要娶同等条件的城中村拆迁户，同样有八套房子的拆迁户。人家不觉得你大学生是高知，会通过你的知识、素养，通过你的世界观、人生观给这个家庭带来一些东西。对于他们来说，那是看不见摸不着的，他们更喜欢当下能看到的，他们会更喜欢跟自己一样的，也有八套房子的，那就十六套房子了。

这个开发商超出我预期，他们在盖情怀

现在我天天看我房子的开发商千渡公司的公众号，那里经常发文章谈对小区以后的规划，就觉得他们不仅仅是在盖一个房子，更像是在盖一个情怀。因为他们不是在推销房子，好多东西都是从艺术的角度讲、从情怀的角度讲。如果单从商业的角度讲，房子盖起来卖出去，把钱赚了其实就可以了，你只要把质量保证了，其他一切OK，大家要求的只是一个房子。但是这个开发商不是，他们会让你感受到一个氛围，这一点让我对这个开发商有了新的认识。

一般人觉得城中村改造的小区有好处也有坏处，坏处是小区里有一部分是回迁户，回迁户的素质怎么样会是一个担忧。但是这个开发商让我改变了这种想法，我觉得他们已经在帮着这些回迁的居民向市民转变。他们已经营造了一种很有情怀、很有素养、很有感觉的氛围。在那种氛围里面的人，其实是可以被塑造的。这一点让我觉得很震惊，我也觉得很满意，这已经超出了我对它的预期。我觉得当初花那点钱买这样一个房子，买这样一个小区，赚大了，这是人生幸事，我何德何能啊？

第九张面孔

张衡文

布鲁克联盟成员,
长江村改造项目参与者

"刚到太原我有点失望。我是坐大巴车过来的,在迎宾汽车站停下来以后,我就感觉那里周边好几个城中村,包括徐西村、徐东村,又脏又乱。沿建设路到我们校区,整个路线给我感觉都不太好,没有什么太高的楼。"

城中村改造中接近梦想的
策划人

● 张衡文

我是山西运城绛县人,1988年出生。绛县是一个县城,也是在一个小村镇里面。小时候,家乡经济是以化工业为主,做炭黑,就是轮胎里用的炭黑。

爸爸妈妈在外务工,小时候是跟爷爷奶奶长大的。我爷爷是一个医生,小时候生活条件还可以。村里有小学,我小学就在村里面上。我爷爷当时挺照顾我,送我上学,接我放学。村里人觉得我爷爷这种做法有点照顾得太厉害了。但从现在来看,大家都是接送孩子上学放学的。

我印象中我小学三年级之前我爸都不在山西,可能出去闯荡做生意了,也没有太成功。从我三四年级开始我爸回到了县城,回来以后就干修理电器工作。他以前在国营化肥厂的仪表科工作,对电子器材感兴趣。我爷爷当时想让他继承自己的专业,学习医学,但是他对此不感兴趣。我爷爷也挺尊重他,给我爸买了电子类的杂志什么的,他算自学成才。

回到我们县城后就开了电器修理店，以此为生，我妈也跟着他做。

我家有地，但我爸不愿意种地。我爷爷做医生，我家里就把地承包给别人了。我小时候会偶尔去地里做做农活，但也不多，更多的是跟我爷爷做药。爷爷家在院子种了药，我经常跟着爷爷采药、洗药，炒一些中成药。他是中医，医术还不错，在我们当地比较有名，尤其看胃病比较有名。从当时收入来看，不需要再去地里面做农活了。

那时候村里人都是务农。我们村当时早富起来的人，基本是靠嫁接苗木、出卖苗木发家致富的。20世纪90年代初的时候，村里这批人就先富起来了。

小时候对未来没有太多的想法，我爷爷对我期许比较高一些，想让我从医，最次也想让我考到山西医科大，这个也算他老人家对我的一个规划。我爷爷在我上高中时就走了，如果爷爷那时没走的话，我没考上医科大肯定是要复读，还要再考医科大。

从中学开始我才跟着爸爸妈妈生活。小学学习还不错，到了中学时代有一些调皮，上高中的时候，家人期望能上重点中学，当时差一点分没上成，后来去了运城一个中学上学。我上初中的时候，我爸和我妈回到了我们的开发区，在那里开了一家修家电的店。那时候上完学，放假后就更多回到他们那里。

开发区当时在绛县我们叫"分址"，它属于原来的兵工厂，原来备战备荒的时候，沿中条山建了好多兵工厂。我们那块是二分址。当年备战备荒结束了之后留下好多设备，就逐渐形成了一个厂区，当时还算不上开发区，这几年才逐步变成开发区。我们当时更多地叫"分址"，那里的人也是从各个地方，包括河北、东北等厂区调过来的，这样就形成了一个生活区。那里面的人相对独立，跟村落里面接触不多。当时厂里整体效益还不错，所以我爸妈就在那里落脚开店修家电。我爸妈那时有一个平房的商铺，在一个小间里面，大概30平方米，连住带修电器什么的都在里面。

我当时很羡慕分址里的人的生活方式，他们都住着单元楼，其实已经是城市的生活方式。他们住的楼是厂里集资分配的，住单元楼上卫生间都不需要去外面，都在自己家里，尤其是冬天的时候，很方便。我更向往这种生活方式。

开发区的所有人都是城市户口，说的是普通话，包括我出来后，好多人说我没有口音，听不出哪儿的人，可能也跟他们在一块时间长了受影响有关。当时，甚至到2000年初期的时候，能去开发区——就是分址——里面上班，在我们周边来说是非常好的工作，类似于现在我们要考公务员什么的。当时我上大学之前，大概2006年的时候，刚高中毕业那会儿，我爸就说：你报个机电系吧，回来以后好安排工作。就是说整个县城的人都羡慕分址的人，那时候人家的生活状态是非常好的。

被北京地铁的滚滚人流吓到了

后来我既没听爷爷的话学医,也没听爸爸的话学机电。2006年来到太原上大学,上的大专,学的计算机网络,没有上到理想的本科。其实在大学三年,所学的知识对后来的工作没有多大的作用。

来太原上大学前,我基本没出过远门,上大学也是第一次来太原。刚到太原我有点失望。我是坐大巴车过来的,在迎宾汽车站停下来以后,我就感觉那里周边好几个城中村,包括徐西村、徐东村,又脏又乱。沿建设路到我们校区,整个路线给我感觉都不太好,没有什么太高的楼。我妈那时送我来上学,到了学校一看,说:"你看这学校连个操场都没有,你还不如跟我回去再复习一年。"我是铁了心不想复习,就待下来了。

我去了以后,同宿舍有一个海南的同学,他说:"我是留下来了,可那个跟我同行一起从海南来的同学,从飞机上往下看了一下,下了飞机连机场都没出就直接回去了。"这个海南的同学和我在我们那个校区待了15天,然后也转战西安,去上了西安燕京大学。他们可能受不了这个城市的环境。当时太原天还是灰蒙蒙的,没有太高的建筑,整个城市发展也没有给人太好的感觉。

其实在太原上学的那三年时间,我对太原的印象不太好。我不太喜欢IT行业,当时我学计算机专业就是为了去北京。2006年的时候，IT行业还不错，我有一个表哥在北京搞IT，当时就想毕业以后去北京找他。

在2009年刚过完年的时候，老师带我们去北京实习参观，当时安排我们参观联想。那时起得比较早，6点多就起来，坐地铁去联想公司。在地铁里看到乌泱泱的人，人潮涌动的感觉，给我触动比较大，我当时觉得我不太想留在北京了。实习期间跟我哥也接触了很多，发现他的生活压力很大，我当时就想留在北京有什么意思呢？所以也算是被"倒逼"回来，又留太原了。机缘巧合，就在我马上要毕业的那年，有一个朋友介绍说："你看一下《中国青年》5月份的杂志，里面有一个会展策划，我觉得你性格挺合适的。"我看完以后也觉得这种工作挺适合我，突然觉得算是找见自己喜欢的东西了。那时候就喜欢上策划，从学校毕业以后就一直往这个方向发展。当时太原发展不是太好，还没有会展这个概念，但是我又不想去太远的地方，留在太原就只能做地产策划。我就慢慢进入地产这个行业，一步步做到现在。

走遍太原

刚进入地产策划行业时，我给自己定了一个目标：用一年时间去了解整个市场和行业。在这一年里我频繁出差，我对太原的感觉好起来也是在出差过程中建立起来的。那时每天在太原跑，干劲也非常大。坐公交也好，走着也好，太原基本所有的地方我都拿脚丈量了一遍。

我当时是在一个代理公司，属于市场部，就是每个街道每个街道地跑，给代理公司找待开发的项目，我们去谈代理业务。因为当时太原整体市场监控体系都不是很健全，土地拍卖等重要信息在网上是看不到的，只能一点点去跑。我记得当时最远的一次是从南内环经贸大厦跑到东社，全程走路，一步步走着去的。跑到东社下午5点多的时候要回来开会，再坐公交回来，坐公交都坐了两个小时。

那时干劲很大，想了解整个行业。碰见有在建的项目，或者围挡围住的地方就进去问，这是谁开发的，想方设法拿到老板的电话，然后再去约访老板。

领导们觉得我们需要拓展外地市场，就开始出差到吕梁、临汾等一些地方。我第一回感觉太原非常好，是有一次我在吕梁待了十天，返回太原时，坐完大巴下了小店高速口我就感觉这是回家了。那时候才开始觉得太原的好。

当时太原的地产代理公司比较活跃一些，都是本地公司，大的开发商只有一家恒大进来。代理公司更多的是期望员工为公司拿来业务，而不是期望你做策划。我在了解了市场之后一直想转做策划。后来到了另一家代理公司，当时那个领导还不错，他就说你要发挥你的优势，策划也可以尝试去做。从那时开始算是做策划了。

毕业后我给自己一个规划，一年时间熟悉市场，第二年转做策划，第三年我想在这个行业干到主管或者经理职别的职位。到 2011 年底的时候，我底薪拿到了 4000 块钱，那时觉得生活特别美好。

从学校毕业后就面临一个租房的问题，当时我们系有三个人，一块找的房子。我当时给我爸打了个电话，我说你给我打点房租钱吧，你帮我把这半年房租交了，后期所有的事就不用管了。我刚出来头半年的房租是家里人给拿钱交的。一个月 700 块钱，我们三个人分下来一个人其实到不了 300，包括水电费什么的，半年两千块钱。当时太原整个房租、房价都不高，我觉得好好干的情况下，是能够应付基本生活的。也就是说，三四百块钱就可以租个单间，位置好点的城中村的房子一个月才 500 块钱。所以我当时觉得一个月拿到 1500 块钱完全够我生活了。我也没有别的花费，也就抽个烟，烟也不是特别好的。吃个饭，十块钱一顿完全是搞得定的。所以拿到 4000 块钱的时候，我就觉得自己已经是小康生活了。

城中村印象

当时租房的年轻人主要流向是城中村。如果我们找单元楼的话，不是说它有多贵，而是要求你先交半年一年的房租，比如找个两室一厅的，也在每月八百、一千块钱左右，要求你半年，或者整年付，如果没有积蓄就拿不出来这么多钱。而选择城中村，可以月付，可以季付，相对压力小一些，所以年轻人更多选择在城中村住。但我没有住过城中村，因为刚毕业的时候，我们三个人合租的单元楼，分摊下来半年付也能承担。

我们那个房子到期后，再想找房子的时候，我也去城中村看过。去了两回，说实话给我的感觉有点乱，晚上我走在街上，都感觉心发慌。倒是有价格合适、房型也合适的房子，就是在路上走的时候，给我的感觉不好，就不愿意住那里。单元楼也住不起，后来还是选择和别人合租。

当时可供我们居住的城中村非常多。好点的、离我上班近点的地方是寇庄，这里的房子稍微贵一点。城中村给我的印象就是形形色色的不同的人住在一起，人员很杂，比如工地上干活的民工，很多看上去不像我们这种年轻的打工者、单纯在这里居住的人。我个人可能偏小心一些，我怕生活中万一跟这些人发生摩擦会吃亏，我的慌更多是源于这种心理。

城中村是先有需求，然后慢慢自然形成的。怎么说呢？务工人员要去租房，就像我刚才说的那样，单元楼往外租，一方面要整租，另一方面，那时候租房根本没有中介，更多是房东来和租户直接面对面谈。我个人的理解，普通的务工人员包括农民工、建筑工等，有些房东也不愿意租给他，而且租住成本非常高。从租户这方面说，也许他们在工地干三个月就走了，一下交一年的房租也不合适。但求租的这种需求逐渐增加后，有的城中村村民就自发地盖楼出租了。他们找工程队就把楼盖了，找村委会打申请也不难，之前不像现在卡这么严。想盖，有钱就能盖。当时村委会自己有这个权力，允许村民盖到五层六层，再高了也不允许。即便自己没钱，只要说是要盖房子往外租，也有人借你钱，因为这是一个营生，钱是能够还上的。所以村民们基本都盖。

很多叫城中村的，其实也不像在城市里面的，完全是村子，盖瓦房、一家人独门独院。有些村子就是这边走着硬化路，那边能看到沟。以我的眼光来看，近几年发展简直是突飞猛进。我之前是所有的街道都跑过，但现在有些我也不太认识了。

在整体城中村改造没有大范围实施的时候，由开发商自己来协调拆迁，后来市里出了城中村改造的标准以后，拆迁补偿中自己盖的部分就没有了。你盖再高也是一样的，而且现在也不会让你盖了。

城中村改造启动以后，政府推出一系列补偿政策，所有都严格按计划走。后期拆迁力度比之前的大一些，属于政府主导拆迁。

当时对于长江村的概念基本没有，但是在长江村改造时，我接触、参与得比较早。还没拆的时候我就去长江村考察，给我的感觉这里像村子，而不是城中村。因为我印象中的城中村，大概都是盖五六层楼，村民每天打打麻将，收收租金。后来在参与长江村改造的东山晴项目的建设过程中，才逐渐了解了长江村。到目前为止，我还在参与东山晴社区建成后的商业规划、养老规划等策划项目。

共享经济理念下的布鲁克联盟

  我进入策划行业以后也迷失过，好多人问我，您做策划有没有什么特别成功的案例？我有段时间就去想这个问题，其实我认为在目前的市场上，地产策划更多的是偏执行。我自己对策划的理解，我不认为好多项目卖得好是你策划出来的，所以我也在困惑。如果说是真正让我感觉有策划力的，还要回到千渡公司东山晴这个项目上。

  这个项目从开始到后期我是一直在参与的，我感触最深的一次是，东风路通了以后，我朋友开车带着我，因为从东风路直接下来到凯旋街上就能看到楼，看到楼起来我心里猛的一个想法就是：万丈高楼平地起。想起过往，这是一个整体的梦慢慢实现的过程，这才算是一个策划，而不是所有的东西都是现成的东西，你组合拼凑就行了。

  东山晴这个项目我觉得完全是大家在一块努力、一块去构思完成的，通过更多的想法、更多的玩法去实现。我从千渡员工到自己创业，一直参与长江村改造的这个项目，我也是布鲁克联盟的成员。

  当陈文总提出布鲁克联盟这种模式的想法时，我觉得非常好。参与布鲁克联盟是最有意思的一次策划，而且陈总给我们策划的空间非常大，他不给条条框框。我们一个人一个人去约谈，讲布鲁克联盟。从最初的一个人到后来不断汇集更多人，很多优秀的地产人坐一块聊这个事情。

在布鲁克联盟的很多设计上，陈总让出来很多利，这是为了让大家共同进来，一起去做这个事情，这背后是一个共享的理念。成立布鲁克联盟的时候，我对它的理解是：构建一个相对平稳、庞大的销售平台，形成一个销售的联盟。

当时我们约谈的人都是各个代理。各家代理在我来看也面临着困境，其实大家是一个双向的互利共生。对于我来说，我更感谢这个平台，我不知道他们怎么样，我觉得他们应该也感谢这个平台，进来以后，所有人都收获很大。

布鲁克联盟成立后，销售情况非常好。我认为布鲁克联盟不仅是解决了一个项目的销售问题，也给大家带来一种启发，太原之前的市场没有这种销售模式，没有这种渠道分销的销售模式。布鲁克联盟启动以后，2016年才逐步有各种新房渠道分销，才有了我们这么小的创业团队的存在。感谢布鲁克联盟。

第十张面孔

刘 丽

长江村村民，
长江村村委会成员

"我期望我的两个女儿有一个好的学校上学，能有一个快乐的人生，将来能有房子。房子也不用她们太发愁，目前来说已经有她们的了。主要是有一个快乐的人生就可以了，能够高高兴兴地长大。"

长江村走出去又回来的"80后"

● 刘丽

我是1983年出生的,一个太原长江村土生土长的姑娘。在我儿时的记忆里,长江村基础设施非常落后,居住的环境也特别差,下雨天全部是泥路,必须得穿着雨鞋才能过马路。我们农民主要靠出租房子增加收入。外来租户人口特别多,卫生条件也特别差。还有像电信、电力的网络线路也特别乱。马路上有时候会搭下来电线什么的,很危险。

我爸爸弟兄四个,有五孔窑洞,三间平房。平房是土坯房,木头顶子。下雨天的时候,外面下的是大雨,家里下的是小雨。到了雨过天晴的时候,家里还得接个盆,滴答滴答地落雨水。我爷爷奶奶、我叔叔、我爸爸都是居住在一个小院里面,正好在半坡上。下雨天的时候,外墙存在特别多的安全隐患,有倾斜的,有快要塌的,有好多这样的情况。

那时最羡慕的就是平房。那种浇铸的平房,不会有漏雨的情况,也仅此而已。但外头的卫生条件是一样的,垃圾到处都是，不可能像咱们城市一样，或者咱们居民社区一样，有人定时定点去清理。

我小时候村民已经不种地了，在我记忆中没有种过地。当时的土地租给一些厂矿啊，还有集体的工业企业在用着，解决了一些农民的就业问题。村委会会给村民们发一些福利，米、面等。农民的生活来源靠盖一些小平房出租房屋，一间收个100块、80块的房租来生活。

直到2008年、2009年的样子，村里有条件的人家才开始去买楼房。那会儿的房价也便宜，毕竟我们这边都是小产权房。但农民的收入也是没多少的，居住楼房的人还是偏少。

那时在我的印象中我也开始想住楼房，最起码卫生条件好，还有厨房、卫生间、取暖，肯定是一应俱全的。在平房根本达不到这些条件，冬天的时候是非常难熬的。条件好点的也得自己去烧锅炉，条件不好的就得自己烧一个火炉子。自己烧锅炉也得弄碳，自己收拾锅炉灰什么的，这些事在城市生活的人可能都没有见识过。

我们村里面有自己的小学，也有乡镇的初中，可以就近入学。但是老师不是正式的老师，都是一些村里的民办老师，他们的普通话、知识水平各方面肯定和城市中的小学是没法比的。比如有一些老师讲一篇课文，用的是土话，而且还不是我们太原的土话，是更偏远农村的那种土话，说"去哪了"，他就说"哪了个呀"。有时候就听不懂，把我们也传染得说话和普通话差别非常大。小学的老师应该算是第二位母亲,教你语言嘛,可是在这种条件下,我们上了高校以后,别的同学都听不懂我们的发音。

离开长江村又回到长江村

我是 1998 年上了一个中专院校,在咱们胜利桥东三街林业学院。上了四年中专以后就回来了,基本就没有离开过长江村,户口也回到长江村了。

其实那时候的想法,还是向往有一天能离开这里,去外面的世界看看。但是由于家庭的原因,也由于自身的原因,文化水平等各方面都达不到自己去闯一闯的条件。那时家里的经济条件也非常不好,我母亲是一个农民,只有我父亲一个人有工作,在晋安化工厂(音),没有其他的生活来源,只能靠我父亲一个人的工资,我还有一个弟弟。所以还是回到了长江村,然后找机会自己也出去打工。先是去了一个导游公司,做导游,后又到一家广告公司。那时候的工资非常低,就六七百块钱,但也能给家里分担一些经济负担。

在我上中专的四年时间里,长江村居住环境、生活环境没有太大的变化。真正翻天覆地的变化是从 2015 年的城中村改造开始的。根据国家政策,城中村改造以后长江村变化是相当大的。

拆还是不拆？怎么拆？

2015年大家第一次听说要拆迁。那时候凯旋街拓宽需要拆迁的时候涉及我们家。我的第一反应是不想拆，我在担心，拆了后会不会如期入住新房子？拆了后我们能去哪儿住？我们买房肯定是买不起，那什么时候能够回迁？我们首先是考虑到这个问题，所以村委干部也做了相应的座谈。但是根据国家的政策，路要拓宽就要拆迁，也没有办法，经过村委会的座谈，我们当时就说拆吧。那怎么拆呢？就涉及补偿问题，肯定是拆迁户想多要，但有政策标准又不能多给。所以这个也存在麻烦，当时谈了好多次。

当时拆的是窑洞，是按宅基地证上的面积来计算补偿面积的。我们家拆迁所有的事宜都是我母亲说了算，我和我弟弟两个孩子不做过多的参与，怎么拆怎么谈都是我母亲做安排。我已经成家了，在农村我没有自己的房屋，在长江村我也没有自己的宅基地。

按农村的规矩，应该是儿子得到这些拆迁补偿房屋或者拆迁款什么的。家产都是儿子说了算，姑娘好像没有太多的参与权。还是有一种封建思想，和城市男女平等有差别。所以在整个拆迁过程中，我没有参与任何补偿的分配谈判，都是我母亲配合村委会来做拆迁。当时按政策，我们是按宅基地证的1∶2.1来补偿的，最后的补偿方案也能满足拆迁以后的住房需求。

第十张面孔 刘丽

刚开始拆迁时,我们大家还是非常抵触的。因为首先我们的收入断了,我们是农民,都没有工作,靠的是一间房一百、二百的租金来贴补生活。但是作为我们村里的大龄青年来说,也需要一笔资金来做一点生意或者小买卖什么的。再一个我们需要住房,现在的大龄青年娶媳妇都需要楼房,所以又觉得拆迁也是一个机会。我们的思想也是比较纠结的,每天想着这个拆迁怎么拆,不拆也不对,拆也不对,反正非常心烦,也不知道该怎么办。

后来村委会、村委领导每天给我们做思想工作。他们也是非常辛苦的,每天到晚上 12 点、1 点、2 点,都坐在家里头做思想工作。到最后像我们这些大龄青年、带着孩子的,还有 70 岁、80 岁的老人——因为 70 岁、80 岁的老人特别多嘛——都给我们先期安排了安置房,帮我们解除了后顾之忧。最起码拆迁这一段时间的过渡期,我们不会无家可归,不会让我们出去租赁房子什么的,导致今天不让你住了,明天不让你住了之类的情况发生。拆迁到回迁的这段时间也会给发过渡费,所以大家就慢慢地转换了思想。

作为我们这些 80 后的年轻人来说,之前也接触过一些关于拆迁的信息。拆迁后的生活环境、整体设施的配备、卫生条件都大有改观,这些在一些大城市确实做到了,我们也看到了。但也有一些负面的信息来影响着我们,所以大家都在两面徘徊,非常难定夺。

2015 年拆迁的时候,我在村委会工作,我也参与了拆迁的工作。当时的工作确实是很难做很难做,我们每天晚上要11点、12点,甚至下半夜2点,我们才能回家。第二天早上8点继续去工作是正常的事情。到现在将近3年时间过去了,再回头看,确实感觉到拆迁对于农民的生活、环境,还有卫生条件,都有很大的改观。大家的生活条件变好了,孩子们的婚房问题也解决了。有些大龄青年要结婚,娶媳妇需要用钱,拆迁确实对他们有很大的帮助。

不愿意与城市人互换身份

在城市人的眼里,大家都特别羡慕城中村拆迁,我们在他们眼里变得有钱了、有房了。谁谁家拿了几百万、有多少房子了,在城市人的眼里确实都是这样的想法。我嫁入的是东山煤矿,在我公公婆婆眼里也是这样认为的:哎呀,你们娘家又拆了多少房子,多少钱了,你看你弟弟不用干活也有钱了。但是作为我们来说,也特别羡慕城市人的生活,他们每个月有固定的收入,用我们农村话来说:旱涝保丰收。他们不论怎么着,政府都给他们钱。但是农民不一样,即使有了这一部分补偿款,也需要去规划以后的人生。需要用这个钱,比如做一些小本生意,或者钱多的,买一个门面房来经营,以保证将来有收入。或者还有一些把房屋留下来租赁,将来有一个房租的收入。

但是假如现在有一个机会可以和城市人互换身份,做一个市民,背着很大的压力去贷款,才能买到咱们小区的房子,我肯定不愿意换,我还是愿意在长江村做一个村民。因为城市生活和农村生活还是有区别的。城市生活的节奏特别快,比如每天按时按点上下班,外面生活竞争激烈,小孩学习各方面的竞争都特别激烈。现在农村的生活还是比较惬意的,比如我们起来就先去锻炼身体什么的。跟城市还是不一样的。

准备融入城市生活

将来我们村委会要转变成居委会,也就意味着我们也要步入城市化的生活。现在开发公司千渡公司改造开发的这个东山晴社区,配备的整体设施和咱们城市小区的生活步伐应该是一致的,所以我们80后、90后接受城市生活方式的步伐还是比较快的。但是老年人一下让他们转入城市生活还是需要思想上的转变,还是需要一定的时间。因为老年人没有收入,他们只是靠村委会或者政府给的养老金,步入城市化的生活,各种东西,包括吃喝相对要贵,这对他们比较难。

像我们80后,现在步入城市化的快节奏的生活相对容易一些。如果说对农村生活还有留恋,就是留恋儿时的记忆,村里小伙伴在一起玩耍的记忆。因为这次的拆迁,儿时的玩伴也都被安置到不同的居所,不像以前在同一个村子住着了。但是对长江村的一些环境什么的，我觉得没有什么留恋的。

  我是两个孩子的母亲，我最希望的就是新建的小区有好的小学和初中进驻，有一些名校进驻，让我们这些 80 后、90 后家长不会因为给孩子择校而感到困惑。我期望我的两个女儿有一个好的学校上学，能有一个快乐的人生，将来能有房子。房子也不用她们太发愁，目前来说已经有她们的了。主要是有一个快乐的人生就可以了，能够高高兴兴地长大。我希望她们可以出去展现她们的人生，实现她们想要得到的人生目标。但最终我的期望还是希望她们能回到长江村，毕竟这里有我一些美好的回忆，而且也有她们的回忆，还是希望她们能够回来。

附录

与长江村三位老村民的一次谈话

- 村民女：58 岁
- 村民魏桂花：村民女的婆婆，83 岁
- 村民石珍旺：村民女的公公，87 岁

记　者：看不出来您家都四代同堂了，大重孙子已经十几岁了。
村民女：这照片是我的孙子。这个是老二跟前的姑娘，15 岁的这个是大小子跟前的，都中考了。
村民女：去澳大利亚了，走了一段时间了。

记　者：去澳大利亚上学？
村民女：嗯。都是互派的学生哇，就在咱们这二外。①
村民女：还去了哪啦？反正去了两三个国家了。

---

① 二外是太原较好的一所学校，太原第二外国语学校。跟澳大利亚有学生交流项目。

记　　者：出国交流去了，真好。
村民女：这就是想出国去上高中，我说可不行，不放心。这不就没让走了嘛，中考考完就想出去了。太小，高中毕业了再说哇。这不就大了些了，也能自理了。

记　　者：大娘大爷，咱们就随便聊一聊。您二位都是一九三几年出生的？抗日战争期间吧？
魏桂花：三几年出生的？呵呵，我也不知道。

记　　者：那个时候这个叫什么村子？
魏桂花：我的娘家？

记　　者：哦，您是外村嫁过来的？
魏桂花：我娘家是寿阳，知道吗？寿阳黄岭村。

记　　者：大爷就是这长江村的？
石珍旺：我就是这里的。

记　　者：那个时候不叫长江村吧？
魏桂花：叫陈家峪。

记　　者：大娘您是哪年到的这个陈家峪的？
魏桂花：十九岁来的。

记　　者：十九岁，50年代？
魏桂花：对。

记　者：当时是人民公社吗？
魏桂花：对，公社，农业社了。

记　者：当时村子和大爷家的情况是什么样子啊？
魏桂花：来了公公婆婆甚也有了，还有两个小叔子，还有两个姐姐。跟人家住了没几年，自己单个就出来和老人们分家了。

记　者：那个时候大爷家有多大的房子啊？
魏桂花：都是那打下的土窑，在南面墙根根底打下几间土窑。现在都拆完了，拆了修了马路了，什么也没有啦，我们住的那一片。

记　者：那个时候没有养牲口？
魏桂花：喂了一头毛驴儿，都入农业社，给了农业社了。

记　者：那时候家里吃饭吃得饱吗？
魏桂花：种地了，能吃饱。

记　者：您种地是哪年啊？多少年以后就不种了？
魏桂花：入农业社也是种地，农业社劳动挣工分。

记　者：80年代还种地？
村民女：种。

记　者：80 年代，这里还有地？
村民女：哦，有呀。80 年代还种地，就是靠种地吃饭了嘛。

记　者：主要种什么粮食？谷子？
魏桂花：谷子、土豆、玉米，还有高粱、荞面，都是杂粮，白面少。

记　者：这些农田什么时候就没有了？
魏桂花：农业社时自留地收了，这就归了农业社了，个人什么也没有了。

记　者：什么时候就不种地了？
魏桂花：这可不记得了。

记　者：现在还有地吗？
村民女：那就是人家个人包上一块地种了。到 2000 年的时候就把这些地就征收完了，就没有了。
魏桂花：现在有的人就是包上一片片地种上些菜。

记　者：什么时候从窑洞搬出来不住窑洞了？
村民女：拆迁的时候，2015 年出来的。

记　者：您一直住的窑洞，一直到 2015 年？
魏桂花：都是破窑洞，住不起房。现在打窑洞也没有地方可以打了。

记　者：那个窑洞有多大了？

石珍旺: 七八尺宽,两丈深。

记　者: 这一个窑洞住多少人啊?
村民女: 十来个人。

记　者: 就是全家都住在里面?
村民女: 那个时候儿女们多,这么长的一个通长炕,都在上面睡的了。
魏桂花: 我八个孩子了嘛。

记　者: 您一共八个孩子,现在都在身边吗?
魏桂花: 大小子、二小子在了,他们在城里头了。

记　者: 最远的是在哪儿?
村民女: 都在市里面了。

记　者: 过年都回来见面?
魏桂花: 礼拜六休息就回来了。

记　者: 您这孙子辈和重孙子辈有多少人?
魏桂花: 五个孙小子,两个孙姑娘,三个重孙子了。

记　者: 挺好福气的。

记　者: 这个长江村是什么时候成了城中村?长江村原来不叫长江村是吧?
村民女: 它叫陈家峪,跟河里头村是一个村子。是从八库(兵库)过来给分开了,那面叫河里头村,这面叫成长江村了。就是这。

魏桂花: 那面也是老村子了。

村民女: 河里头么,河里头、东沟,长江以前是一个村子,叫陈家峪。北京来了一个空八库把这个村子给割开了。

记　者: 这是哪年的事?50年代?

村民女: 50年代空八库把陈家峪割开的哇?

石　珍: 我13岁上搬出来的嘛。

记　者: 那就是(一九)四几年分开的,(一九)六几年打的窑洞,这个窑洞一般住的时间都很长?

村民女: 你要是一直住人就没事,那窑洞就不塌。

魏桂花: 冬暖夏凉,在窑洞里放上六七年的小米子,一个虫虫也不起。

村民女: 冬天它那里面都不用烧火,要是在平房不烧火就冷。夏天,中午回去睡觉都得盖被子了。

魏桂花: 荫人了,住不上土窑了,土窑养人。

记　者: 怀念土窑了,土窑比现在的楼房怎么样啊?

魏桂花: 我还觉得我那土窑好嘛。把什东西放进去,凉莹莹的坏不了。这什也不能放,放上第二天就坏了。

村民女: 再反过来问你,你干什么不方便了?住的这,不用你生火,上厕所不用出去,在家里头就上了,要不刮风下雨你出去你还是冷洼洼的。

记　　者：土窑是好，可是那么一大家子人在里面住是不是也不太方便啊？

村民大娘：好几个窑洞了，又有房又有窑洞，儿子们都出去过了。

石珍旺：土窑洞，有砖砌成的窑洞，还有盖的平房。

村民女：我们就出来了，各自成了家，各自就出来了，就不和老子妈在一起了。儿女们大了就各分各的了。

记　　者：盖的是砖的平房？

村民女：我是盖的砖的平房。住的平房了，出来以后这个也能说，那个也能说，都能拉呱了。住的楼房上，我婆婆她就怀念那院子了。孙子、外甥都回来了，一大片。院子也大，人多也能行。

记　　者：大娘在院子里头，孙子、外甥子回来都在院子里面，大娘都能看见。在这太挤，所以回来的比较少。

村民女：它就不像我们那大院子，今天回来多少人了，都回来了。礼拜天，姊妹们、孙子、外甥、小子、媳妇子、闺女们、女婿子全回来了，一大院。摆上四五个桌子，一炒菜一大片。这哇，都回来了，放不下。你说这个礼拜她回来了，他就不来了，总是不像儿孙满堂的那么多人吧。我家的孙子回来先不回我那，先回他老奶这了。回来抱着他老爷、老奶，抱着亲。

记　　者：有感情。

村民女：都是老奶看大的嘛。我家孙子问了嘛，是不是我老奶照看大我的了？我说，是，我没有照看你，每天上班顾不上。
魏桂花：两个孙小子也是我看大的，还看了一个重孙孙，这个宝贝十来岁了。

记　者：都是在窑洞里看大的？
村民女：就是窑洞嘛。把那床上铺的单子，老两口把孩子放的这里头，就是这摇呀嘛。现在（孩子）有时候想起来还说，老奶老爷爷你再摇一摇我哇。他老爷爷说，我抱也抱不动你了还摇呢。
大　家：哈哈哈……
村民女：就回来和他老爷爷亲，还是谁照看大和谁亲。人家提起来就是老爷爷，根本不提起俺老子。是了，谁照看大就是亲谁。
魏桂花：回来和他老爷爷睡。

记　者：孙子们喜欢这个窑洞吗？因为他们在外面都是住楼房，回来喜欢这个窑洞吗？
村民女：都是喜欢窑洞。回来以后都是咚咚咚地都跑到窑洞上头了。住的大炕上，你数哇，一溜溜的。他们也不嫌挤，都要往土炕上睡了，娃娃们都待见这。
魏桂花：砌下的窑洞宽敞。

记　者：2015年之前村里面大部分人都是住的土窑吗？
村民女：嗯……不多，因为什了，他这面就没多少土了，就打不下这土窑洞。唯独俺们这面的这土窑洞，那会儿还说这是古老的弄不好还要留下。谁能想到，都挖了，都拆了。现在八库底下可能还有这土窑。

记　者： 2015年拆迁前村子是个什么情况？
村民女： 从2000年那时候就没有地了，人们都是在外面打工的打工，看人家市里面哪个酒店了，哪个商店了，服装城招人了，都是在外面打工了。

记　者： 那留在村里的人靠什么生活呀？
村民女： 都留下老人了，年轻的都在外面打工去了嘛。留下这些老人，拆迁了你家，你要了50万了嘛，30万了，咱不知道具体的，一家一个说法。你说我哇，人家给了7套房子，一百平方米的了还是70平方米的了，反正说是7套房子。给了我60来万。我那就是个四合院嘛。
村民女： 四合院拆掉，补给你7套房子，然后再给60万？
村民女： 嗯，我有两个小子，还有我跟他爸爸，我们就三分分开。

记　者： 原来没有搭房子出租吗？
村民女： 租，就是往出租了嘛，我们就是租金收入嘛。这拆了就没有收入了嘛。四合院嘛，大小子住上两间，二小子住上两间，我们住上一间，一家一个厨房，剩下的不就全租出去了。那就是一笔钱了嘛，一年还不弄两三万。

记　者： 这分了7套房子也住不了吧？也能出租？
村民女： 这不是还没有盖起来嘛。

记　　者： 以后也能出租。
村民女： 以后能行。我要了3套现房，大小子、二小子、我和他爸爸一家一套。最起码三套房，就各有各的住处了嘛。也不能说是我们这3代人再挤到一起，那也太不像话了。

记　　者： 现在两个老人有医疗保险吗？
村民女： 有了！老爹是公费，老妈是新农合。老爹是在矿里上班来嘛，厂里面就给他上了这医疗保险。问你呢，你的医疗保险是厂里面全部报销哇？
村民大爷： 嗯！

记　　者： 新农合报多少？
村民女： 百分之七八十。

记　　者： 那也挺好的，那你老爹还有退休金吧？
村民女： 有。

记　　者： 大娘没有？
村民女： 她没有，村里面按月给她养老金。举个例子说，你每增10岁给你加一等，60岁上好像是150块钱，70岁上就成了200块了，到了80岁就又加上了，是这。不是说一下给你多少。你要是活到90岁上，好像是400了还是500了，慢慢给你往上加了嘛。
魏桂花： 好年头。
村民女： 政策好了，不是说好年头。

记　者：爷爷的退休金是多少？

村民女：爸，你的退休金一个月是给多少了？

石珍旺：3500。

魏桂花：这也是退休得早，五小子顶了。

记　者：这以前长江村的周围也都是村子吧？

村民女：全是村子嘛。

记　者：那他们现在吃饭就得自己买了？不种地了吗？

村民女：不种地是队里面它给分米、面、油了嘛，从去年开始就不给分了。八月十五一回，过年一回。

记　者：原来是分的？

村民女：分来嘛。从2015年拆迁了还给分了两年。从去年人们都说分下粮食没有放处，这不是人们叫唤的不要米、面了，这不是队里面就不给分了，村民们不要了还给你分什了。去年好像是队里面给村民们一人发了200块钱来哇，让自己去粮店里自己买，是这。

村民女：你还是不合算嘛，村里面之前给的是米、面、油嘛，八月十五是一个人两袋面、一桶子油、20斤大米，你首先是不用买嘛。过年哇，就是一个人一袋面、一袋米。在村里面有户口就都有了。

记　者：现在这个户口是算市民户口还是？

村民女：是居民了，但还是农民。

记　者：跟市民有什么区别？

村民女： 市民人家娃娃念书呀，各方面还是不一样嘛。虽然说咱是居民了，其实还是农民嘛。要不就是什了，你看娃娃念书的时候了，你还是农村户口还是不行，你去人家好些的学校就是高价了。

记　者： 户口还分吗？
村民女： 分的了嘛。

记　者： 不是市民户口？
村民女： 你虽然说是居民了，还是农民户口，还是有差距。你就像我家的孙小子，分这些米、面、油就没有他的，他的户口不在嘛。

记　者： 他的户口在哪了？
村民女： 在市里面了，因为他念书就不想动他的户口嘛，就没往回迁他的户口。为娃娃们念书了嘛。不迁回来就能上个好学校嘛。你要回来只能上咱们的新村，初中就只能上杨家峪的中学，不行嘛，所以就没有动他的户口。

记　者： 现在这村上还有多少人？
村民女： 现在村里头可能是 1500 多人，我也不用给你说那零的了。

记　者： 现在这个人数是越来越少还是？
村民女： 越来越多，这是有户口的。问题是现在买下房子的户口也都在这了。现在是属地管理，我在村委管医疗卫生嘛，哎哟，麻烦了，可头疼了。这会儿的房子要是盖起来，我一个人再弄上这么多，真的干不了，现在卫生所里就我一个人。哪家生下小孩出了3至5天院了哇，我必须去人家进行一下家访，就这个家访我就得跑一下午。本来我下午要去家访，可是你们这要弄这了。我还说是我下午4点再去办公室，老年人明天要体检，医院还要给我送明天体检用的药具这一类的东西，我还得安排。

魏桂花： 有多远了，我就当锻炼身体，拄上个棍棍就下去了嘛。

记　者： 原来长江村老的住户村民有多少人啊？
村民女： 老住户不多，可能也就是百十来户人。

记　者： 我看开发商图纸上有5栋楼是咱们的回迁房。就是说，比方你家里面有七套房，最后都住在一起吗？
村民女： 不能让你住在一起，我也不可能让他们都住在一起。弟兄们住在一起干甚呀！各住各的就行。
魏桂花： 一关门就各回各家。
村民女： 你看大小子哇，这的房子空的，市里面租的房子住的，就是因为孙子念书。

记　者： 嗯，那这的房子空着租出去了吗？
村民女： 没租，装潢挺好的，我还不想租的，谁知道租的最后闹成什的了。你说话了十大几万装修好嘛，丈母娘给他装的，可花了两个好钱。哎呀呀，我说装得差不多就行了嘛，装下那么好干甚呀！就是过年回来一下，住上几天就又走了。

记　者： 您搬到这个楼里多长时间了？
村民大娘： 我吗？三四年呀。
村民女： 窑洞拆了要下这房子。搬进来以后，人家就把窑洞铲平了。

记　者： 原来的老邻居都在哪呢？
村民女： 邻居们都分开了。

记　者： 大家在楼里住着和以前村子住哪个更好啊？
村民女： 在村子里都能见了哇，农村的人都挺亲的，都在跟前，出来进去的都认得。挑水呀、担粪呀、下地呀都在一起。住的楼房里面就是一关门子，谁跟谁还认得了？我家对面是谁了，我还闹不清了。出来哇见一面面，笑一笑就过去了。村里头的人都是打成一片，见面了是叔叔、婶婶、大娘、大爷、爷爷、奶奶地叫了，都是这。以前咱们那都集中，谁和谁也能拉呱了。像端上一碗饭，你家吃什了？俺家吃什了？我这吃糕了，吃饺子了，来过来，吃我的来，你吃他的来，农村就是这。住上楼房，门一关，管你吃什了，你就是喝稀饭人家也没有人管你。还管你吃饺子了，吃油糕了。
村民女： 像现在要组织开会，党员开会都回不来，我们七十四个党员了。你组织一下，不好组织了。

记　者： 原来是怎么组织的，广播？

村民女： 我就给他们喊了嘛。

记　者： 一喊就行了？
村民女： 就这，今天7点钟党员们开会了！就都来了。扩音器就在咱们这楼顶上。办公室二层楼，电线杆上安上两个扩音器，我在底下一喊，党员们几点几点开会了……就都来了嘛。
魏桂花： 现在就听不见……
村民女： 现在就没有了嘛！现在就是微信。微信联系上了，人家还在市里面上班了，人家能回来了？我们老是开会是黑夜，人们就下了班了，外面打工的也都下了班了。要是冬天哇就迟些些。要是夏天哇，娃娃们也会来得迟，党员们也基本上都下了班了，看是九点了还是八点半了开会了，也就都回来了，手里头拿上个饼子了还是馍馍了也就过来了嘛。住上楼房了，人家谁出来。

记　者： 您一直是做村里的干部？是吧？
村民女： 原来管着计划生育、妇联。那会干这可不好干了。俺们那会是（一九）八几年嘛。这会呢，人家也就放开了，快生去吧，你们也不需要做结扎。这会就好干了。
魏桂花： 这会让生二胎了。

记　者： 现在年轻人一般几个小孩呀？
村民女： 一般是一个的多，就觉得是负担太重了，主要是娃娃们念书就念不起。人家说光是上幼儿园一年下来也是一万多了。因为咱现在是没有这么大的小孩了嘛。你说光这幼儿园就上不起,最便宜的好像是东沟幼儿园,1000 了还是 800 了。

记　者: 很多市民也羡慕咱们一下能拿这么多套房子。
村民女: 这会是说城中村改造了,你就像是这以前咱们这村里面这哇,就说俺家哇,姊妹们这么多嘛,你就是在外面拼死拼活地那么干活,多少年你才能买上一套房了嘛?可是把他的户口迁回来,姊妹们一人能给他们都分一套,你看着平白无故他们少受几年苦了?

记　者: 就是说市民,没有村民身份的话,自己买房挺辛苦的,是吧?
村民女: 我的这七套房子哇,你管他是那什哇,说白了孙子的也有了。我要是和他爸爸百年以后喽,你两小子谁要这个房子也算了,大小子你是有小子了,你要是想要我的这套房子,你就把这 10 万了还是 20 万了,给了你弟弟。这房子现在要是值 20 万哇,一家一半嘛。你不能说是你都给了大小子没给二小子,也不能都给二小子没给大小子的,一家一半嘛。那我要是闺女,我就不需要这么多房。

记　者: 老人家您刚嫁到这个长江村的时候想到过以后会有这么多房子吗?孩子们结婚一下有这么多房子?
村民大娘: 想不到⋯⋯

记　者： 您在这个村子有好几十年了，哪个阶段是最好的？
魏桂花： 现在好了嘛，现在好。那会困难得可可怜了，这会好活了。白面、大米吃的，过年还要给些钱。

记　者： 当时要拆迁的时候，政府有人来跟咱们谈一下吧？当时是什么情况？
村民女： 2015年政府，就是镇里头、乡里头的干部们来谈。
魏桂花： 就是他们，有一个乡里头的人，还有一个上头的人，不知人家叫什。

记　者： 当时一谈就挺顺利的？
魏桂花： 人家是要办紧要事了，不顺利咋呀？
村民女： 这老好人就是这嘛，你不要抗人家政府，人家叫你拆你就拆就行了。

记　者： 大爷、大娘从村里到这城市愿意是吧？
村民女： 那肯定嘛，住的楼房里头吃喝拉撒睡不用出去嘛。
魏桂花： 能起来做的吃上一口饭，下去转一转就行了。老了，吃上些，喝上些，能动就行了。

尾声

这里即中国

● 陈功 / 安邦咨询创始人，首席研究员

问：很荣幸邀请陈先生来谈今天的话题，您对中国城市化的追踪研究已经有 10 多年了，是一位有权威的城市学者，我们也一直关注您撰写的城市思想和城市发展的相关文章。您在《颠覆世界的城市化》一书中也引用大量文献和案例对世界范围的城市化做过系统性的研究和分析。今天先请您谈一个宏观问题，在您心目中，目前中国的城市化进程处于一个什么阶段？

陈：中国的城市化过程波澜壮阔，席卷了 13 亿人，改变了他们的生活，决定了他们的幸福，甚至影响到他们的下一代、更下一代。一个十几亿人口的国家，在短短十余年的时间里，发生如此惊人的巨变，整个过程伴随着天真、幼稚、惶惑、期盼，可谓是跌跌撞撞又蹒跚前行。我不太相信未来的世界上，还会有哪个国家能够经历中国这样的城市化过程。展望未来，可能根本没人知

道，这样的城市化后果究竟意味着什么？意味着现代繁荣？抑或仅仅是一场幻觉，本质上依旧是一片待开发的荒原？在城市化大潮袭来之际，实际没有人能够清醒地体察和认识，大家不由自主都被浪潮高高举起在潮头之上，只能向前，无法向后。的确，我们现在已经生活在一片片高大的钢筋水泥的楼群当中，但这对于人类的生活而言究竟是什么？留下了什么样的隐患？似乎没人讲得清楚，甚至可能也没有多少人愿意去想一想。但这就是城市化，在迷茫和困惑的浪潮中席卷了一切。

城市化初期，有地就能盖房，有楼就不愁卖掉，几百人排队抢号的场面，让人记忆犹新。这个时候中国的城市化，犹如一架规模无比巨大的耕地机具，犁过之后的土地上，全是一栋栋的高楼。随着城市的迅速扩张，几乎整个中国的城市都是环线的空间格局，老城在中间，周边都是一圈圈的新城。原来用作种植的良田，迅速地变成了钢筋混凝土的高楼，与此同时，宽得不能再宽的马路，超大体量的广场，还有美国白宫式的政府办公大楼，几乎成为中国每个城市的必备。随之而来的，还有政府债务的急速上涨，城市街道人气的萎缩，甚至鬼城也随处可见。

很显然，这样的情形不能持续了，中国金融数据上的压力，已经日益变为巨大的宏观经济管理压力，于是中国的城市化开始进入其中的第二阶段。这个阶段产生的改变是明显的。第一，中国的一线、二线城市开始执行各式各样的住宅限购措施，力图挤出购买力，释放到距离核心城市更远的地方。第二，开始大规模启动旧城改造，也就是所谓的"棚改"。数万亿的大量资金砸下去，"棚改"被政策以空前的力度推动前进。这种非商业化的政策操作，等于重配资本，尤其有利于边缘城市实现城市化的进程。第三，建设重点被置于基础设施领域，目的是补强城市在基础设施领域的短板，沟通中国的城市群落，让人流、物流、资本流在城市间得以顺利流动。

然而，根本的问题未得到解决。

城市化就是城市化，重点可以调整，但城市化原有的内涵和机制，没有也不可能出现轻易的改变。城市化的受益者不会改变，城市化的模式也不会有改变。所谓的改变，实际只是建设浪潮席卷到更远的地方，从一线、二线城市，发展到三、四线城市，直到终于让政府开始担忧，这场游戏无法继续，宏观系统即将难以维持，于是大规模的涉及金融和资本的清理整顿轰轰烈烈地开始了。同时，更大范围地限购，等同于在中国经济发达的主要城市群禁止房地产的运作。也就是从这个时候开始,中国的城市化即将在内部再次进入一个新的阶段。

世界的城市化有着自身的变化规律,从古罗马到现在,始终存在于历史和书本当中,只是人们因为利益的冲动,根本无暇一顾,宁肯听凭命运的摆布和左右。

问: 城市化提升了城市的硬件水平,比如交通的改善、公共设施的完善、各种服务的集约化,最重要的是老百姓居住条件的大幅度改善。因此而产生的债务和社会总成本的提高是城市化过程所必须付出的代价吗?在您看来,有没有一个"既要""又要"的完美结果?平衡点在哪里?

陈: 建筑有建筑的形态学,但那主要是属于美学课题;城市也有形态,有美学的问题,但更重要的是内在效率和完善的程度。城市的公共服务和公共福利,能否发挥出价值和作用,也与效率和完善程度有关。所谓的居住条件改善,亦与之相关。所以在城市思想领域,效率和完善程度是我们观察一个城市的重要标准。就此而言,中国的城市往往过于重视美学方面的单一形态,而忽略效率和完善程度的标准,这种城市发展均衡性上的偏差是一个大问题，但也为未来的城市更新创造了条件，提供了空间。

事实上，在世界城市建设的高潮期，世界各国的城市决策者都有偏重于城市外部形态而忽略其他方面的倾向。所以一位美国研究城市的学者将这些城市决策者称之为一切说了算的"城市寡头"。在古罗马，"我接受了一座用砖建造的罗马城，却留下一座大理石的城市"，这是罗马帝国的创建者屋大维充满自豪感的一句话。他要让罗马人从战争中解放出来，"永远过和平的生活"。现在游客所看到的古罗马时期的大量神殿、街道和圆形剧场大多都是源自那个年代的产物。从砖土到大理石，屋大维追求的是城市的形态，但与此同时，他统治的43年，是古罗马经济上最富庶的时代，也是古罗马文学上的"黄金时代"。文学艺术空前繁荣，涌现出一批伟大的诗人，如维吉尔、李维和奥维德等，古罗马文化和艺术也辉煌繁盛。不过即便如此，古罗马最后也没有逃脱厄运，毁于经济危机之手。

柯布西耶是对于现代城市产生巨大影响的一位大师级人物，他是一位画家、作家、梦想家，一位城市设计者，一位现代建筑的先驱，号称"功能主义之父"。他从1917年开始定居巴黎，期间从事绘画和室内设计，与新派立体主义的画家和诗人合编杂志《华丽精神》。他按自己外祖父的姓取笔名为勒·柯布西耶,他在第一期就写道:"一个新的时代开始了,它植根于一种新的精神,有明确目标的一种建设性和综合性的新精神。"后来,他把其中发表的一些关于建筑的文章整理汇集出版单行本书《走向新建筑》,这本书激烈否定了19世纪以来的因循守旧的建筑观点、复古主义的建筑风格,歌颂现代工业的成就,提出"我们的时代正在每天决定自己的样式",他提出"住房是居住的机器",鼓吹以工业的方法大批量地建造房屋,对建筑设计强调的是"原始的形体是美的形体",赞美简单的几何形体。

勒·柯布西耶还对城市规划提出许多设想,他一反当时反对大城市的思潮,主张全新的城市规划,认为在现代技术条件下,完全可以既保持人口的高密度,又形成安静卫生的城市环境,首先提出高层建筑和立体交叉的设想,现代遍布世界各地的高层建筑证明,他是极富远见的。第二次世界大战期间,由于他有犹太人血统,遭受迫害,迫使他逃亡到阿尔及利亚和突尼斯工作。遭受此次打击后,他的建筑设计主张和风格明显发生变化,从注重功能转向注重外观的华丽;从重视现代工业技术转向高度重视建筑和城市的视觉体验;从追求平整光洁,转向追求别树一帜、引人注目。他的这些宏大壮丽的手法和主张对于现代城市的形态发挥了重大影响,已经几乎成为所有现代城市的经典样本。

值得注意的是,后来被誉为城市集中主义的理论主张,其实就是源自柯布西耶的两本书——《明日的城市》和《阳光城》。这两本书构想并且提出的城市思想,对于现代城市以及城市集中主义的理论影响巨大。这类城市规划观点主要是四个关键:1. 主张新城和扩张,因为传统的城市,由于规模的增长和市中心拥挤程度的加剧,已出现功能性的老朽;2. 提高密度,因为拥挤的问题可以通过提高密度的方法来解决;3. 重构城市,调整城市内部的密度分布;4. 建立新的交通体系,新的城市布局可以容纳一个新型的、高效率的城市交通系统。

柯布西耶以及现代城市,在理论上的确可以提供复杂而庞大的交通体系,比如宽阔的马路,可以容纳更多的现代车辆;创造了更多公共设施的完善条件,相比分散各处的公共服务,密度很高的城市,有条件可以提供集约化的供应;密度很高的大厦和高楼,能够让更多的人改善居住条件,这是城市化在理论上所带来的正面效应。问题在于理论并不等同于现实,柯布西耶作为一个伟大的充满艺术气质的城市梦想家,一方面对现代城市的建设产生了巨大影响,另一方面在事实上他也引导了盲目的城市实践。最重要的是，他忽视了两个重要的相关问题——如此这般的城市建设，必然会涉及庞大而惊人的投资以及对城市人类生活模式的强烈影响。

高密度为城市建设尤其是膨胀，创造了基本条件，尤其为城市化打开了解决方案的通道。从单体建筑来说，以人为单位的建筑成本是节约了，但以城市为单位的投资成本没有降低，而且是提高了。因为每一人都是一个个体，他们的需求很多都不一样，无法分享或是共享，进而提升效率，因此城市化将大量的人口从乡村集中到了城市，这意味着城市的投资规模的急剧上涨，也就为债务的巨大膨胀创造了条件。就现代城市来说，这几乎是普遍现象，也是中国现在亟待解决的症结问题之一。

再一个问题是城市人类生活模式的影响。对城市生活的负面效应，雅各布斯曾经做过详尽的研究和描绘，影响巨大，使人们认识到现代城市的严重问题。原来的城市人口，和因城市化而从乡村迁到城市的人群，其生活模式都发生了巨变，城市街道商业也因集中化和集约化而改变，压力和挑战使很多人难以适应。我们让他们搬进了城市却无法同时满足他们在城市中的生活必备条件，诸如收入的提高、成本的控制、公平的教育、恰当水平的工作选择机会，同时也无法快速改变他们乡村模式的生活方式,以适应城市生活的习惯和文化,这些都构成巨大的问题。如果用资本的概念来描述这些问题,那么假如一个城市的建设投资是 500 个亿,吸引了大量的人口实现了城市化,那么让人们完成生活模式的转型和适应,满足被城市化人口在城市中顺利生活的需求,解决他们的不满和矛盾,可能还需要额外的 1000 亿投资。

所以,柯布西耶的现代城市梦想并非是无条件的,物质环境的硬件建设容易实现,但软环境的软件建设却非常困难,不均衡、矛盾和冲突始终存在,如果未能满足城市化人口的全方位需要,那么就会产生问题。事实上,我在很久以前就曾谈过这点,"城市化率 50% 是一条风险警戒线",超过这条警戒线,城市就会陷入某种困境,不解、投诉、非议和争执就会发生,这些都是城市化的后遗症。

我们的问题在于,过高地估计了城市化的益处,而对于城市化的负面影响估计不足。所以,巨大投资、债务和社会总成本上升所反映的代价是付出了,但真正的收获,城市的效率和完善却还没有实现,还需要为之付出更加巨大的努力,以及更多的后续投资。所以从全口径来看城市化的过程,实际这是现代社会发展的一个巨大无比的"坑",一旦进去了,后续的压力和挑战更大,需要付出更大努力去解决。

在这些城市化过程中的矛盾和冲突面前，寻找平衡点是必须也是有难度的。老外游中国看到的是城市形态，有住在中国的英国人就说，现在偶尔回到英国，"就像回到了40年前的世界"。中国人其实也差不多，到了国外旅游看到的都是人家的城市形态，也就是城市的外观，并不了解城市真正的深层次问题。面对城市化的各种问题，新马克思主义者试图理解这些问题，解决这些问题，但结果也很悲观。皮凯蒂在《21世纪资本论》中提出了一个乌托邦式的构想，征收全球税，这种构想有助于遏制财富集中化的趋势，因而也有助于抑制过快的城市化，从而有助于解决这个问题。我在《颠覆世界的城市化》一书中也提出了一个近似乌托邦式的构想，重点是削平资本过剩，大量对发展中国家提供援助，同时改革政府体制，使其转型为公共福利组织。说白了，就是要对外、对内多花钱，抑制资本过剩，从而改变、降低、抑制城市化的负面作用和影响。

问： 在快速城市化的过程中，一般都会面临流动人口的迅速膨胀，随之而来的就是出现大量类似"城中村"这样的"低收入人群"聚集区，您认为当今中国城市的"城中村改造"思路有哪些经验和教训？它是解决城市"贫民窟"的一条有效途径吗？

陈： 我们这个世界，贫民窟以及它的中国式称谓"城中村"或是"低收入人群聚居区"是一个永恒的存在，很多艺术家写过这方面的题材。丹尼·博伊尔导演的影片《贫民窟的百万富翁》非常有名，就取材于印度孟买附近著名的贫民窟达拉维。在这个不到2平方公里的区域，居住了超过100万人，一千多人共用一个厕所，一间28平方米的房子里通常会住着全家十几口人，如果用一个词来形容达拉维的具体状况，那就是拥挤。

这是真实的。

不过，就在世人慈悲心的旁边，印度达拉维这个贫民窟还有另外一张不太为人所注意的面孔。达拉维贫民窟内的生活条件虽然极差，但它却位于孟买的市中心，周围商品房价早已超过每平方米人民币10万元。印度政府当然也动过拆迁的脑筋，而且一旦要拆迁，这里的居民都将成为百万富翁，然而这里的土地收购非常困难，即使只有一小块地方，这里的居民也不会同意出让，开发商与印度政府也不敢强拆，这里有的"钉子户"居然能够给自家的简陋棚屋开出五十万英镑的天价。

在这里，随便一位站在简陋棚屋外晒太阳的大叔，可能就是真实的百万富翁，而且他确实拥有运转良好的企业。尽管被称为贫民窟，但是达拉维的贫民窟却拥有数千家年均利润达 5 万美元以上的中小微型企业。而且在贫民窟办企业，经商无需注册，无需纳税，由于人力成本优势，这里生产的产品远销世界各地，每年销售额达到十几亿美元。很多生活在达拉维贫民窟中的"贫民"，看着像一无所有的贫民，但其实已经赚了足够多的钱，却依然会选择住这里，这种情景让许多外国游客和外国官员们百思不得其解。

2003 年，英国查尔斯王子在访问过达拉维后，感叹之余不慎就瞎说了一些"政治不正确"的大实话。他说，这种居住方式是自然环境和社会环境的平衡，聚居地的建筑使用当地原料，公共空间布局便于行走，区内劳动力雇佣方式很灵活。尽管他们在物质方面十分贫穷，但他们在生活和构建社区方面却遥遥领先，西方国家有许多方面需要向他们学习。很显然，此言一出舆论大哗，据说英国女王当时一听就决定再多干 20 年。

像印度这样的贫民窟，在世界不是个别现象，而是普遍现象。例如南美最典型的贫民窟城市圣保罗，1973 年该城的贫民窟人口占到总人口的 1.2%，到了 1993 年，又再度跃升达到了19.8%。在整个1990年代,更是以每年16.5%的爆炸性比率增长。根据最新的世界银行的数据,2007年到2009年间,肯尼亚的城市人口增加了76.7万人,其中36.6万人住在了贫民窟中。尼日利亚的城市人口因为城市化而增加了587.6万人,但其中有241.7万人去了贫民窟。在中非共和国,城市人口在两年间增加7.5万人,贫民窟人口却增加了9.1万。联合国人居署的报告也指出:预计未来30年间,全球贫民窟人口可能会增长至20亿人。

不要以为这些随着城市化从乡村来到城市贫民窟中的人,都是身无长技的可怜之人,实际他们犹如印度达拉维贫民窟中的人一样,都在贫民窟中混得风生水起,各自都有自己的生存之道。他们需要的只是城市中的空间,城市中无法提供的其他一切,他们靠自己来实现。从印度到中国,从南美到非洲,所有的贫民窟都是这样,也正是因为如此,各国贫民窟中的人口才会快速增长,如果没有适宜的生存之道,他们早就离去了。他们只是以自己的方式去实践城市化,客观地说就是这样。

而对于贫民窟看不过眼的各国政府,对于贫民窟也都曾经采取过激烈的措施。伊朗的巴列维王朝,不但出动过大批推土机和军队,甚至动用过坦克来强制拆迁贫民窟,当然迎接他们的是汽油燃烧瓶和暴力抗争。最后伊朗的政权,从巴列维变成了霍梅尼。在孟加拉,在南美,在世界很多地方,这类激烈的抗争都曾经出现过,其实问题的实质在于一个根本性的矛盾。城市化是否只能是按官方定义的、唯一性的方式?政策是否允许处于城市化不同阶段、不同阶层的人口,用自己的方式实现城市化?

我在20世纪末期就研究过贫民窟问题,写过一个研究报告,当时我认为,任何一个城市都应该允许一定规模的贫民窟存在,实际上贫民窟有利于城市化,而不是反之。原因在于城市化的人口是分阶层的,而且城市也非常需要低成本的服务人口,任何一个城市,都不可能全由百万富翁居住,所以城市一定会需要为所谓的"低收入人群"提供低成本的生活空间。事实上,一般城市的生活成本,在通常的空间里都是高昂的,是这些低收入人群负担不起的。所以这样的城市空间,无论叫什么样的称谓,实际对城市而言是一种无法消除的刚需。即便强制清除,今后也会重新再来。

对于贫民窟这类问题,联合国的态度也是谨慎的。联合国人居署发布的《贫民窟的挑战》指出,"贫民窟太复杂,无法用一个独立参数来衡量。"不过总体而言,联合国将"贫民窟"谨慎定义在几个基本指标上：①他们缺乏抵御极端天气的耐久房屋；②缺乏充足的居住面积；③缺乏安全便宜的水源；④缺乏可达的卫生设施；⑤缺乏居住权保障。换句话说，联合国基于解决贫困人口的问题，提出的贫民窟定义，是一种极端情况下的定义，而且联合国强调的是改善，而不是拆除。

其实对于贫民窟，世界各国已经取得了很多正面的经验，如拥有大规模贫民窟的巴西，强调为贫民窟接通电源，改善安全设施，取缔黑社会，凡是已经这样做了的贫民窟，效果均比较明显。在拥有巨大人口规模的墨西哥城，政府粉刷贫民窟的墙壁，让贫民窟变得五彩斑斓，成为了旅游景点。同时建设了交通联络线，直通贫民窟，方便贫困人口上下班和就业，提高他们的收入。

基本而言，除非是必需的土地空间调整和城市空间调整，否则，对于贫民窟和城中村，以调整、改建、扶贫、增加服务设施作为解决方案才是正路。城市是个有机体，是在变化中的，谁又能保证现在的漂亮高楼今后不再变成"城中村"？因此允许一定程度的自我更新和自我成长，更加有利于城市化的顺利进展，甚至对于城市形态的影响也是可控的。世界知名的传奇歌星迈克尔·杰克逊就曾经选择在巴西的贫民窟拍摄过影片，那部片子叫"They Don't Care About Us"（他们不在乎我们）。

问： 如果把城市看作一个生态系统，必然会存在高中低不同收入群体，形成分布式的阶层链条，您怎么看不同收入阶层？不同收入阶层应该如何和谐共处？

陈： 重点还是来谈谈社会阶层的问题，但这个社会阶层问题实际是一个很难回答清楚的问题。

这几年可以经常听到一种论调，中国的阶层已经固化了，已经不再流动了，而普通人逆袭的机会几乎已不存在。阶级固化这个问题，也越来越严峻。一段时间以来，关于中国社会阶层固化的讨论不绝于耳，越来越多人关注社会阶层的流动性。据统计，2017年，全国居民人均可支配收入仅25974元。底层民众、大量的农民已经"被城市化"，在这些年的城市化进程中，农民的土地慢慢被承包，农民完成了向农民工的转化。而中产阶级，虽然享受了经济发展与货币增发的福利，却正在被剥夺分享财富的权力。有个说法是中产和低收入群体的唯一区别，就是中产的负债更多一些。整个社会看起来的景象就是：富豪们做什么都赚钱；中产们拼命使出浑身解数想爬上去，却始终触摸不到上层的门槛；底层民众根本就没有上牌桌的机会，只是在旁边吃瓜围观，准备随时把掉下来的中产嘲笑一番。

不过，也有一种观点认为，阶层固化论不成立，当今中国最有名的几位企业家如马云、王卫、刘强东等都是普通人家的孩子。马云抓住了电子商务大潮的机会一举成为中国首富，顺丰快递的创始人王卫最初只是一个快递员，京东商城的创办者刘强东一开始不过在中关村卖电脑零配件……

我还是从经济和城市的角度来看这个问题。阶层的问题是存在的，但只要改变的案例和环境中的机会还存在，那更多的就是自身的认识问题，是自我定位的问题。在一个不断发展中的现代社会中谋求进步，虽然是可能的，但同时也意味着付出更多自身的努力，是"血汗与泪水"的事情。放弃这种努力，自我定位就是中下层人士，那个人的进步当然也谈不上了。另一个方面，阶层固化论的确也不成立，但整体经济环境的增长率如果能够快一点，工作机会就会更多，学习机会就会更多，那么改变起来就会更加容易。所以阶层不是固定不变的，但与经济增长率有关。即便是在印度的贫民窟里，人们也还是有机会的。

从城市的空间来看，能够在城市的社会空间和物质空间里面，进行合理的划分，区分出来的适应不同阶层的价格空间与物质空间，让他们能够负担得起，这也是为不同阶层的人士在创造公平和机会。他们有权以他们的方式生活在城市当中，他们有权作出选择。所以，一个城市各个阶层的和谐共处，其中的一个关键就是价格空间与物质空间的划分，失去了这样的空间划分，等于就是强迫低收入的群体，去享受高成本的城市公共福利，他们负担不起，矛盾就会产生，和谐共处就无从谈起。

问： 在外界看来，中国城市化高速发展的 20 年，是基建和房地产飞速发展的 20 年。在十九大提出中国特色社会主义进入新时代之后，我国社会主要矛盾已经转化为人民日益增长的美好生活需要和不平衡不充分的发展之间的矛盾。这是否意味着地方政府的任务也会发生转变，可能从单纯项目和基建的投资型政府转变为更加注重改善民生的服务型政府，在您看来，这种转变会很难吗？

陈： 很多事情都是客观的，我们在生活和工作中，必须认识到这一点。自己的愿望、憧憬、渴望和追求是一回事，整体发展环境是另一回事，前者受到后者的制约，这个世界不可能什么事情都按照自己的想法去发展和变化，社会环境不可能跟着个体的想法去走，反而是个体应该主动去适应,这就是客观的意思。

经济新常态,我研究这个问题几乎有近十年了的时间了,这就是一个客观的问题,不是谁愿意与否的问题。要谈意愿,哪个政府领导愿意经济增长从双位数的增长率,走到现在的6.5%?大家都愿意看到的是高增长率。

国家主席习近平在出席2014年亚太经合组织(APEC)工商领导人峰会作了题为《谋求持久发展共筑亚太梦想》的主旨演讲,解释过这个问题。习近平指出中国经济呈现出新常态,有几个主要特点:一是从高速增长转为中高速增长;二是经济结构不断优化升级,第三产业消费需求逐步成为主体,城乡区域差距逐步缩小,居民收入占比上升,发展成果惠及更广大民众;三是从要素驱动、投资驱动转向创新驱动。对中国经济环境而言,这是一种巨大的转型,问题是不这样转型也不行。

这样的转型对于中国干部队伍的要求就比较高了。高速增长期的时候,主要靠投资驱动,什么是投资?投资就是花钱,根据自己的意愿花钱,痛快淋漓,花钱毕竟比赚钱容易。到了新常态的时期,增长速度要降下来了,投资也要降下来了,重点转向了服务,转向了民生,这个变化是十分巨大的,难度也十分巨大。所以,中国社会经济的转型，实际就是干部队伍的转型；中国的改革，实际就是干部队伍的改革。

目前这一切是否能够顺利实现，多久能实现，还要看。尤其是在外部环境非常复杂的今天，进一步、退两步的可能性依旧存在。不过大体从趋势来看，这种转型早晚是要发生的，区别只是在被动转型，还是主动转型。我们现在是主动转型。

问：您心目中，一座理想的城市应该是什么样的？城市生活的幸福感主要来自哪些方面？

答：理想城市，一直就是城市发展思想的重点研究领域，它就像一个神秘的伊甸园，吸引着多少代的世界级大师，都在这个领域中不懈地探寻、摸索、追求，渴望能够找到人类的梦想家园。

英国的霍华德，受乌托邦小说《回溯过去》和亨利·乔治的《进步与贫困》的启发，于1898年出版了著作《明日——通往改革的和平之路》(Tomorrow: a Peaceful Path to Real Reform)。他设想的田园城市有2400公顷大小，在这个面积的土地上安置32000个居民，城市呈同心圆图案布置，设有开放空间、公园和6条37米宽的林荫大道放射线。根据霍华德的构想，这样的田园城市可以自给自足，也就是有工作和产业，当它的人口满员达到32000人时，就要在附近新建一座田园城市。霍华德还策划了一个以58000人口的较大的田园城市为主城、多个田园城市为卫星城的田园城市群，各田园城市之间用公路和铁路连接。

霍华德不完全是一个空想家，他的规划思想实际在世界的一些城市真的实现了，在中国也有他的样本城市。1903年1月14日，就在天津英租界向墙子河以西扩展了3928亩，称为推广界，当时的天津是东亚地区规模最大、最完整、最早进行系统规划，而且最接近田园城市理念的现代花园郊区的杰出案例。

勒·柯布西耶也对城市规划提出许多设想，他一反当时反对大城市的思潮，主张全新的城市规划，认为在现代技术条件下，完全可以既保持人口的高密度，又形成安静卫生的城市环境，提出了以高层建筑和立体交叉道路为解构的城市规划。他在20世纪的20年代和30年代，也站在了城市规划发展潮流的前列，对城市规划的现代化起了推动作用。

此后的理想城市研究，更多地由规划转向了建筑。1919

年 3 月 20 日，发表了由格罗皮乌斯起草的包豪斯宣言："……建立一个新的设计师组织，在这个组织里面绝对没有那种足以使工艺技师与艺术家之间树立起自大障壁的职业阶级观念。同时将我们创造出一栋将建筑、雕刻、绘画结合而成三位一体的新的未来殿堂，并用千百万艺术工作者的双手将之矗立在云霄高处。"一大批建筑师在这个时代崛起，建筑设计语言湮没了城市的整体性表达，各种标新立异的现代艺术风格建筑遍布世界城市，同时也让世界各地的城市，渐渐丧失了城市的整体风格，纷纷成了各式各样单体建筑的巨大试验室。

后来，就是城市研究的巨匠刘易斯·芒福德也没有能够成功回答"理想城市"这个问题。不过，刘易斯·芒福德的贡献在于通过《城市文化》一书，成功地将人们的目光重新从建筑拉回到了城市本身。这本书一出版就获得了整个世界评论界的赞誉，将它评价为关于城市的具有里程碑意义的最优秀文献，芒福德的照片也登在《时代》周刊的封面上。刘易斯·芒福德的这本书，解释了一座伟大的城市所蕴含的各种能量、形象和活力，这是一部历史和城市史的政治宣言，也奠定了城市和城市社会学的理论。其实，芒福德所论述的城市史就是文明史，城市凝聚了文明的力量与文化，保存了社会遗产。城市的建筑和形态规划、建筑的穹顶和塔楼、宽广的大街和庭院,都表达了人类的各种概念。芒福德用建筑和艺术展现城市的发展,他让人们重新注意到城市的社会问题,而不是美学问题。他所强调的城市基本问题,主要在城市是否满足人的基本需要,城市的设计是否促进人的步行交通和人与人的面对面交流。换句话说,刘易斯·芒福德奠定了城市规划过程中的社会性原则。对于刘易斯·芒福德来说,城市规划问题首先是价值问题。

E.F. 舒马赫,代表的是城市思想领域的另外一翼。

E.F. 舒马赫(1911—1977年)的经历颇为传奇,他曾经是哥伦比亚大学最年轻的教授,23岁就当了常春藤大学的教授,同时还是知名的企业家,曾与凯恩斯和J.K.加尔布雷思共事,他还出任过"二战"后英国驻德管制委员会的经济顾问。E.F. 舒马赫写过一本书《小的是美好的》,解释了自己有关城市的思想。游历过世界各国的舒马赫与那些具有纯粹艺术气质的梦想家不同,他的这本书将人放在了城市的重要位置,他的这本从经济角度论述城市的书,是一本直指心灵、抱持希望,并对未来大彻大悟的书。世界评论界认为,这本书自出版以来不但是畅销书,而且是世界经济学界最具启发性和颠覆性的论述,甚至其二十年前的论点,在今日看来仍切中时弊,历久弥新。在世界思想史中,E.F. 舒马赫属于左翼思想家,他认为西方世界引以为傲的经济结构,不外乎个人追求利润及进步,从而使人日益专业化,使机构成为庞然大物,带来经济的无效率、环境的污染、非人性的工作环境。为了解决这样的问题,舒马赫提倡中间技术,以小巧的工作单元及善用当地人力与资源的区域性工作场所等基础观念,为经济学带来全新的思考方向。

受到舒马赫思想的启发,我在20世纪末也提出了"理想城市"的概念和解决方案,与舒马赫不同的是,他建议的理想城市,人口规模最大应该是50万人,而我在融合了舒马赫与霍华德基本思想的基础上,认为中国的"理想城市"规模应该控制在300万人左右。超过这个人口规模的大型城市,应该在绿带隔离的基础上,通过交通网络和城市新都心的建设,构成分布式的有一定密度的城市群。

这样的分布式城市群,一方面小而精致,人口规模不大,"城市病"就不会非常严重,城市建成区的污染可控,社会总成本不会很高,产业发展有空间,但产业规模又受到合理的边界控制,不会让产业无序放大到主导城市生活的地步,导致城市环境失序。与此同时,另一方面由于分布式城市群的存在,实际上又能够容纳非常大的人口规模,让城市群产生区域性的影响。所以,我当时认为，中国的理想城市，就是300万人口的城市。时过境迁，时间已经过去了十几年，我现在依然持有如此的观点。

现在很多城市的各种污染非常严重，尤其是雾霾的影响很大，为人所普遍诟病，严重影响到城市的形象。其实，对于城市的雾霾污染，无论城市管理部门采取何种措施，成效都会不明显，因为城市的建成区如果大到一定程度，交通路径就被延长，各种排放大增，道路扬尘弥漫，不可能得到控制。只有城市的建成区因人口规模受限，污染和雾霾才会在非管制条件下受到真正的限制，交通效率才会真正提升。

这个理想城市模型的真正意义就在于，用区域分布式的城市群，代替集中式的城市放大。通过控制城市人口规模来控制城市的边界蔓延，使城市实现真正的宜居、宜业。

现在的城市学术界中很多人依然认为，根本不会存在理想城市。比如，美国城市规划专家、芝加哥大学的里查德·陶博教授就持这样的观点，他对新华社记者说，在很难对城市规模进行量化的今天，城市发展并没有"理想规模"一说，一个城市的发展更重要的是如何增加它的承载能力。他的观点简单说就是,城市能装多少人就要装多少人,直到环境条件下"装不下"为止。类似的城市集中主义观点,表面似乎很现实,但实际也是一种生态短视与一种失败主义的观点。现实中,城市管理部门实际很难回避生态压力的挑战,随着城市生活水平的提高,今后必将会更加困难。尤其是当幸福感与可持续发展作为城市发展的优先条件时,这种失败主义的观点尤显苍白无力。

值得指出的是,幸福感主要是与生态环境有关,但也与就业和收入等经济要素有关,但这些相关因素并非是平行并列的,而是存在先后次序的,快乐和稳定应该是幸福感第一位的因素。

过去我们曾经讨论过中国的邻国不丹的幸福感问题,一项全球统计显示,不丹是全球幸福感指数最高的国家。不过不少中国媒体的报道并不认同这一点,他们认为,落后不是幸福。像这种大标题在幸福感问题的讨论中并不罕见,"不丹究竟是被幸福还是真幸福?"其实,这种讨论的焦点并不是幸福感,而是幸福感究竟应该由谁来定义的问题。还有就是究竟应该用什么标准来定义幸福感的问题。或许,这样的问题还是不丹人自己最有发言权吧。

不丹首相廷理（Jigmi Thinley）曾经在美国纽约召开的联合国千禧年发展目标峰会上发表演讲，解释了不丹人的想法和看法。当时，他的讲话受到了与会各国的热烈欢迎，从中我们不难找到不丹人幸福的原因。

廷理指出，盲目追求财富是"危险和愚蠢"的行为；全球金融危机提醒人们，世界的财富是"虚幻的"，在一瞬间即可"消失无踪"。"人们无法想象，如果每一位地球公民都立志在消费上与美国媲美，世界会变得怎样？"他的问题不是没有道理的，根据全球足迹网络（Global Footprint Network）的计算，如果以法国人的生活方式作为参照来看，我们需要2.5个地球才能维持理想的生活，这意味着地球上的人口需从目前的76亿减少到30亿，才能确保所有人都过上法国式的理想生活。如果按美国人的生活方式来算，那结果就更加残酷了，世界人口需要减少62亿达到仅剩14亿人，或者需要5.4个地球才能按美国人的生活方式养活全球现在所有的人口。这意味着即使把月球、火星全都开发出来，还是远远不够。

所以，不丹首相廷理认为，当世界上许多发达国家尚在为如何履行联合国千禧年发展目标的承诺而苦恼时，不丹政府却已经接近于实现这些目标。不丹将会在联合国提出的 2015 年限期内，消除贫穷、饥饿、疾病、文盲、环境恶化和对妇女的歧视等问题，并达成真正的永续发展。廷理建议，世界采纳新的千禧年发展目标，即快乐。他指出，这个目标是单独的价值，但它同时也代表了联合国八项目标计划的总值。

所以，我对幸福感的基本看法很简单，就是快乐和稳定，这是首要的幸福感源泉。我们这个世界的国家，的确存在着这样的城市和国家。不丹是一例，德国的城市汉诺威也差不多。这个人口只有 51 万的城市，得益于得天独厚的自然环境和为数众多的公园，让这座德国最绿色的城市有着无与伦比的生活品质。顶尖的文化盛宴和体育赛事，争奇斗艳的各色博物馆，世界博览会以及规模居全德前列的大型步行街，都带来了丰富的休闲活动选择。幸福感与发展并不矛盾，幸福感与产业并不矛盾。真正矛盾的是人们"唯有钱才是一切"的畸形心理。

这个世界上有很多的门，但只有一个门通向未来，再无其他，我们必须慎重选择，而且选择权的确在我们自己的手上。